MARIA MAGDALENA

MARIA MAGDALENA

IHRE GEHEIMNISSE UND IHRE GESCHICHTE

KAREN RALLS

EVERGREEN

Dieses Buch wurde konzipiert, gestaltet und produziert von:
ALEXIAN LIMITED
The High Street
Norton St Philip
Bath, Somerset BA2 7LH U.K.

Art Director: Terry Jeavons
Layout: Andrew Milne
Redaktion: Fiona Biggs
Bildrecherche: Vanessa Fletcher

Titel der Originalausgabe: *New Perspectives. Mary Magdalene*

Übersetzung: Eva Lepold, Wien
Produktion: Print Company Verlagsgesellschaft m.b.H., Wien

Printed in China
ISBN 978–3–8365–0460–7

Bildnachweis

AKG-Images, London 2 Electa/Cappella del Bono in San Giovanni Evangelista, Parma, 7 Sammlungen des Stiftes Klosterneuburg, 9 Real Academia de Belles Artes de San Fernando, Madrid, 22/23 Sixtinische Kapelle, Vatikan, Rom, 24 Joseph Martin, Escorial, Madrid, 32 Joseph Martin, Musée Rolin, Autun, 46 Stefan Diller/Kapelle der Hl. Maria Magdalena, San Francesco, Assisi, 54, 65 und 79 Rabatti-Dominigue, 67, 69 British Library, 70 Teifenbronn, Pforzheim, 92 Staatliche Kunstsammlungen, Kassel, 97, 102, 114 Tristian Lanfrancis, 116/117 Bibliothèque Nationale, Paris, 119 Naimattalah/Galleria Nazionale, Rom, 120 Jean Paul Dumontier, 121 Hervé Champollion, 125 Electa/San Marco, Florenz, 131 Museu de Santa Cruz, Toledo, 134, 149 Electa/S. Maria, Brescia, 161 Roger Lichtenberg, 171 Hervé Champollion, 173 Kaiserlicher Palast, Pawlowsk

Erich Lessing/AKG Images 15 Museo del Prado, Madrid, 17 Musée du Louvre, Paris, 31 und 39 The Tate, London, 40/41 S. Maria del Carmine, Cappella Brancacci, 44 Musée du Louvre, Paris, 77 Museo del Prado, Madrid

Bridgeman Art Library, London 12/13 Privatsammlung, 18 Privatsammlung/Christies, 21 Santa Lucia, Montefiori dell'Aso, 28 Museo di San Marco dell'Angelico, Florenz, 52 Lauros/Giraudon/ Château de Versailles, 59 Mark Gallery, 84 Lauros/Giraudon, 85 Bibliothèque Nationale, Paris, 86 The Stapleton Collection, 87 Museo Nazionale, Rom, 90 Isabella Stewart Gardner Museum, Boston, 95 und 111 Richard and Kailas Icons, 98 Archives Charmet/ Bibliothèque des Arts Decoratifs, Paris, 100 Privatsammlung, 101 Richard and Kailas Icons, 127 Kloster Jasna Góra, Czestochowa, 147 Giraudon/Musée des Beaux-Arts, Nantes, 155 Museo della Cività Romana, Rom, 156 Alinari/Palazzo Pitti, Florenz, 157 Julian Hartnoll, 162/163 Alinari/ Biblioteca Reale, Turin, 167 Christies, 168 Fitzwilliam Museum, University of Cambridge, 169 Giraudon/Musée des Beaux-Arts, Rennes, 170 Musée Condé, Chantilly, 172 Index/Museum der Kathedrale, Gerona

Cameron Collection 26, 29, 43, 56, 57 oben, 113, 124, 143, 150, 158

Fotolia 96 Omer Genec

GettyImages, London 27 AFP, 25 Kirche Santo Stefano, 62 Murat Taner/Photographers Choice, 66 Travel Ink/Gallo Images, 71 Gordon Grahan/National Geographic, 72 Martin Gray/National Geographic, 74/75 Camille Morenc, 82/83 José Azel/Aurora, 115 Miguel Riopa/AFP, 122 Hioshi Higuchi/Photographers Choice, 136/137 Marco Di Lauro, 138 Christopher Pillitz/Reportage, 139 Marco Di Lauro, 151 Andy Crawford/Dorling Kindersley

Bridgeman Art Library/GettyImages 11 Museo del Prado, Madrid, 33, 36 Privatsammlung, 49 Kunsthistorisches Museum der Stadt Wien, Wien, 60, 107, 108 Tretjakow-Galerie, Moskau, 145 Musée du Louvre, Paris, 152/153 Kreml-Museen, Moskau, 154 Musée du Louvre, Paris, 160 Koninlijk Museum voor Schone Kunsten, Antwerpen, 175 Museo e Gallerie Nazionali di Capodimonte, Neapel, 184/185 Galleria Borghese, Rom

Jupiter Corporation Images 19 National Gallery, London, 55, 88, 109, 118, 123, 128, 141, 144, 159

Privatsammlungen 8, 14, 16, 25, 34, 35, 37, 47, 48 beide, 50 Musées Royaux des Beaux Artes de Belgique, Brüssel, 57 unten, 61, 73, 76, 78, 80, 81, 89, 91, 93, 99, 103, 104, 105, 110, 129, 130, 132, 133, 146, 164, 165

Inhalt

Vorwort

Maria Magdalena gehört zu den faszinierendsten Frauengestalten der Geschichte. Sie wurde als Heilige, Sünderin und als Hure dargestellt und verkörperte so die helle und die dunkle Seite der Frau in der Gesellschaft. Natürlich macht sie das für die Bibel-und Geschichtsforschung interessant. Gleichzeitig beflügelte das steigende Interesse an den Frauengestalten der Bibel auch die Forschung über Maria Magdalena. Gemeinsam mit der Gottesmutter Maria, den Schwarzen Madonnen und den weiblichen Heiligen ist sie auch Gegenstand feministischer Betrachtung.

Theologen und Wissenschaftler diskutieren heute unter Einbeziehung neuer wegweisender Werke von führenden Magdalena-Experten, wie Marvin Meyer, Bruce Chilton, Karen King, Jane Schaberg, Bart Ehrman, Katherine Ludwig Jansen, Susan Haskins und anderen, die besondere Rolle Maria Magdalenas in der Bibel. Konservative und orthodoxe Priester, Pastoren und Wissenschaftlerinnen tragen in ihren Fachgebieten zu neuen Erkenntnissen bei, die auch von Archäologen gestützt werden. Seriöse Forschung und theologische Kontroversen über Maria Magdalena gibt es schon seit Jahrhunderten. Die steigende Anzahl an Kongressen und Veranstaltungen zum Phänomen Maria Magdalena belegt das gesteigerte Interesse der Gesellschaft.

Das Mittelalter befasste sich vor allem mit der Büßerin und der Apostolin, den beiden gegensätzlichen Seiten Maria Magdalenas. Im Neuen Testament werden genau diese beiden Facetten von Maria Magdalena dargestellt, was nur einem kleinen Teil Ihrer Persönlichkeit gerecht wird. In anderen Texten tritt sie sowohl in sakralen als auch in säkularen Zusammenhängen in Erscheinung.

Die Vita Maria Magdalenas war speziell im geistlichen Drama ein beliebtes Thema. Das Motiv der sinnlichen Maria Magdalena wird in den Osterspielen des Mittelalters variiert. Besonders beliebt war jene Episode, in der sie vor ihrer Bekehrung in den mittelalterlichen Straßen den *Mercator*, einen Salbenkrämer, aufsucht, um sich für ihren Geliebten herauszuputzen. Eine andere oft dargestellte Episode ist die Geschichte der drei Marien am Ostermorgen. Sie tragen Alabasterkrüge

▶ Das Neue Testament nennt Maria Magdalena als die erste Person, die die leere Grabkammer Jesu am Ostermorgen entdeckt.

zum Kaufmann, um die Gewürze und Öle zu holen, um den Leib Christi nach der Kreuzigung feierlich zu salben. Maria Magdalena führt die Frauen zum Grab.

Was von Maria Magdalena blieb, entstammt den biblischen und historischen Quellen sowie zahlreichen mittelalterlichen Legenden, ähnlich wie bei Maria, der Mutter Jesu. Die biblischen Schriften inspirierten viele Künstler zur Darstellung Maria Magdalenas mit dem Alabasterkrug mit dem kostbaren Nardenöl und Myrrhe, ihrem zentralen Symbol.

Uns sind heute die vielen Gesichter der Maria Magdalena vertraut: das der liebenden Gefährtin Christi, der mutigen Freundin, der aufrichtigen Büßerin, der heilenden Heiligen an Pilgerschreinen oder das der inspirierenden Lehrerin. Die berühmte Heiligenlegendensammlung von Jacobus de Voragine aus dem 13. Jahrhundert erzählt:

Und ich sage auch, daß Maria Magdalena es war, die mit ihren Tränen die Füße des Herrn wusch, sie mit ihren Haaren trocknete, sie einsalbte und die zur Zeit der Gnade als Erste feierlich Buße tat. Sie war es, die den besten Teil dabei für sich erwählte, die zu seinen Füßen saß, um das Wort Gottes zu hören und sein Haupt zu salben, die neben dem Kreuze stand, als der Herr litt, die die Salbe zubereitete, um damit seinen Leib zu salben, die nicht von seinem Grab wich, als schon alle Jünger weggegangen waren, und der Christus nach seiner Auferstehung als erster erschien und sie zur Apostolin der Apostel machte.

Jacobus de Voragine, *Legenda aurea*

▼ Viele Abbildungen zeigen Maria Magdalena mit dem Alabasterkrug.

Die biblischen Erscheinungsformen von Maria Magdalena verschmolzen oft mit denen anderer Frauengestalten in der Bibel: mit Maria von Bethanien, mit der namenlosen Frau, die Jesus salbte, mit der unbekannten Sünderin im Lukasevangelium und anderen. Im 19. und 20. Jahrhundert entstanden zahlreiche weitere Mythen und Legenden.

Unabhängig von dem im Mittelalter gängigen Bild als reuige Sünderin oder »Apostolin der Apostel« entwickelte sich zur gleichen Zeit eine weitere Facette des zeitlosen Maria Magdalena-Mythos: die einer eigenständigen Mystikerin, einer Begleiterin in Gebet und Meditation, einer weiblichen Muse und einem Idealbild der spirituellen und klösterlichen Frau, einer Inspirationsfigur für die Unterdrückten und Ausgestoßenen. Sie wurde zu einer Schutzheiligen aller Frauen in einer streng patriarchalischen Welt. All diese Seiten von Maria Magdalena durchdrangen das gesamte Mittelalter und faszinierten

▶ Ein typisches Porträt von Maria Magdalena, mit ihrem langen, fließenden Haar und dem roten Umhang.

weite Teile der Gesellschaft gleichermaßen: Pilger, Naturheilkundige, Angehörige der Ritterorden, Könige und Adelsgeschlechter sowie das einfache Volk. Auch heute, in diesem so weltlichen Zeitalter, ist die Faszination, die die Figur der Maria Magdalena ausstrahlt, ungebrochen.

Aus den frühen gnostischen Schriften, in denen sie auch als »die Frau, die alles verstand«, bezeichnet wird, geht hervor, dass Maria Magdalena die umfassende Botschaft Jesu zu seiner Zeit am besten verstand und als inspirierende Lehrerin und Verfechterin der Weisheit galt. Wie bei vielen Heiligen wirken ihre universelle Weisheit und Liebe über die Jahrhunderte fort, sie fordert uns und gibt uns ein Zeichen – ein Licht der Weisheit und Wahrheit »zu ihrer Erinnerung«.

1 Die historische Magdalena

SÜNDERIN, HEILIGE, APOSTOLIN DER APOSTEL, BÜSSERIN, TREUE UND LIEBENDE GEFÄHRTIN UND ERLEUCHTETE LEHRERIN – DIES SIND FACETTEN VON MARIA MAGDALENA, DIE UNS IN DEN LETZTEN ZWEI JAHRTAUSENDEN ÜBERLIEFERT WURDEN.

Einleitung

Die vielen unterschiedlichen Facetten Maria Magdalenas beflügeln und faszinieren uns noch heute, rund zweitausend Jahre nach ihrem Tod. Keiner der Jünger scheint Jesus so nahe gestanden zu haben wie Maria Magdalena. Heilige, »Apostolin der Apostel«, Büßerin, treue Anhängerin und liebende Gefährtin, erleuchtete Lehrerin, Mystikerin, wortgewandte Predigerin, mitfühlende Leiterin – das sind nur einige der vielen Darstellungen Maria Magdalenas, die uns überliefert sind.

Das Neue Testament und andere wichtige Texte beziehen sich in unterschiedlicher Weise auf Maria Magdalena und illustrieren damit ihre Bedeutung, ihre Macht und ihren Einfluss. Sie machen auch die Spannungen, die es in der frühen christlichen Kirche in Bezug auf die Rolle der Frau gab, deutlich. In den vier kanonischen Evangelien des Neuen Testaments und auch im Petrusevangelium erscheint Maria Magdalena als reiche Jüdin aus Magdala, einer Stadt am Westufer des Sees Genezareth. Manche Wissenschaftler verbanden ihren Namen mit *migdal*, dem aramäischen Wort für »Turm«. In der *Legenda aurea*, der berühmten Sammlung von Lebensgeschichten der Heiligen, berichtet Jacobus de Voragine im 13. Jahrhundert:

Maria Magdalena hat ihren Beinamen von der Burg Magdalum. Sie war von edelster Abstammung, denn sie ging aus königlichem Geschlecht hervor; ihr Vater hieß Syrus und ihre Mutter Eucharia. Zusammen mit ihrem Bruder Lazarus und ihrer Schwester Martha besaßen sie die Burg Magdalum, die zwei Meilen vom See Genezareth entfernt liegt, das Dorf Bethania in der Nähe von Jerusalem und einen großen Teil der Stadt von Jerusalem selbst. Die Geschwister teilten alles unter sich auf, so daß Maria

Magdalum besaß, weshalb sie Magdalena genannt wurde, Lazarus jenen Teil von Jerusalem und Martha das Dorf Bethania. Weil nun aber Magdalena sich ganz der fleischlichen Lust hingab und Lazarus sich nur um den Kriegsdienst kümmerte, verwaltete Martha klug und gewissenhaft den Anteil der beiden und sorgte für ihre Krieger und Knechte und für die Armen. Nach der Himmelfahrt des Herrn verkauften die Geschwister allerdings ihr ganzes Hab und Gut und legten den Erlös den Aposteln zu Füßen.

▼ Die Stadt Magdala, Marias Heimatort, nach dem sie angeblich benannt wurde.

▶ Diese Illustration aus dem 19. Jahrhundert zeigt Maria Magdalena bei der Austreibung ihrer sieben bösen Geister, jenem Akt, bei dem die enge Verbindung zwischen Maria und Jesus entstanden sein soll.

Die biblische Magdalena

Maria Magdalena wird im Lukasevangelium, Kapitel 8, gemeinsam mit zwei anderen Frauen erwähnt. Laut Lukas hat Jesus alle drei Frauen geheilt und aus Maria seien »sieben Geister ausgefahren« – eine mehrdeutige Aussage, die nie ganz geklärt wurde. In der *Legenda aurea* heißt es: »Das ist also jene Maria Magdalena, der der Herr so große Wohltaten erwies und so viele Zeichen seiner Liebe gab. Er trieb sieben böse Geister aus ihr, entzündete sie gänzlich in der Liebe zu ihm, machte sie zu seiner vertrautesten Freundin, zu seiner Gastgeberin und zu seiner Verwalterin auf seinem Weg und entschuldigte sie stets mit milden Worten.«

In Matthäus 27,55, Markus 15,41 und Lukas 23,55 erfahren wir, dass diese drei Frauen Jesus auf seinem letzten Weg nach Jerusalem begleiteten, wo sie Zeuginnen seiner Kreuzigung wurden. Maria Magdalena harrte so lange am Kreuz aus, bis der Leib Jesu abgenommen und in eine Grabkammer, die Josef von Arimathäa gehörte, gelegt wurde. In der klassischen Osterdarstellung erwähnen

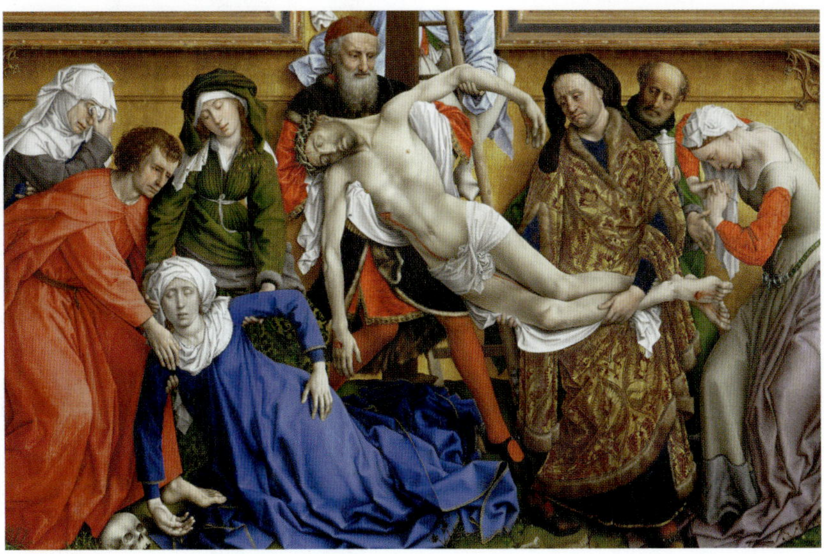

◄ Maria Magdalena war eine der drei Frauen, die mit Jesus nach Jerusalem zogen und bei ihm blieben, bis sein Leichnam vom Kreuz genommen wurde. Hier sieht man das auf dem Gemälde *Kreuzabnahme* von Rogier van der Weyden.

▶ Der heilige Petrus, der für seine Feindseligkeit gegenüber Maria Magdalena bekannt war, wird oft als der Fels, auf dem Jesus seine Kirche baute, dargestellt.

einige Evangelien, dass Maria Magdalena und die Frauen zum Grab kamen und es leer vorfanden. Markus und Johannes berichten, dass Maria Magdalena die Erste war, die den auferstandenen Christus sah und es den anderen Jüngern erzählte. Im Neuen Testament werden die Jünger um Jesus meist als ausschließlich männliche Gruppe beschrieben, dort erscheint Maria Magdalena nur als Randfigur. Andere Evangelien jedoch, vor allem die gnostischen, berichten, dass sich sowohl männliche als auch weibliche Anhänger um Jesus scharten und Maria Magdalena eine bedeutende Rolle spielte.

Jesus und Maria

Das Evangelium der Maria, das Philippusevangelium, der »Dialog des Erlösers« und die »Pistis Sophia« zeigen, dass Jesus nicht nur von Männern sondern ebenso von Frauen umgeben war. Aus dem Philippusevangelium geht hervor, dass er Maria Magdalena mehr als seine anderen Jünger liebte. Marvin Meyer, ein anerkannter Gnostitzismus-Experte und Kenner der »Nag Hammadi-Schriften«

▶ Diese ist nur eine von mehreren Darstellungen des Letzten Abendmahls, die eine Frau an Jesu Seite zeigen. An ihrem roten Gewand erkennt man, dass es sich um Maria Magdalena handelt.

und anderer außerkanonischer Quellen, erinnert daran, dass sie dort auch »die Gefährtin, Partnerin oder Gemahlin von Jesus« ist, und dass es vielfach heißt, »dass Jesus Maria häufig küsste«. Und Meyer zieht daraus den Schluss, dass es durchaus angebracht sei, Maria Magdalena als geliebte Jüngerin zu bezeichnen. Andere Gelehrte vermuten nun aufgrund ihrer Bedeutung in den Texten, dass Maria Magdalena tatsächlich der geheimnisvolle geliebte Jünger des Johannesevangeliums sein könnte, der niemals wirklich identifiziert wurde.

Doch hatten Jesus und Maria Magdalena tatsächlich eine körperliche Beziehung miteinander? Einige Wissenschaftler folgern aus den Texten, dass es körperliche Intimität zwischen ihnen gegeben haben könnte. Die Hinweise aus den Übersetzungen sind jedoch unzureichend, weshalb sie auch auf eine rein platonische, spirituelle Liebe hindeuten könnten. Da mehrere Interpretationen möglich sind, kann man nichts definitiv ausschließen, nichts als einzig wahr festlegen. In der gnostischen Überlieferung wird Maria Magdalena nicht ausschließlich über ihr soziales und biologisches Geschlecht definiert, wie auch Meyer und andere Experten darlegen. Doch wann immer Petrus' Feindseligkeit und Eifersucht ihr gegenüber thematisiert werden, wird ihre Weiblichkeit hervorgehoben.

Petrus sagte zu Maria: »Schwester, wir wissen, dass der Retter dich mehr liebte als alle anderen Frauen. Berichte uns von den Worten des Retters, die du erinnerst – die du kennst und wir nicht oder von denen wir noch nie gehört haben.«
Evangelium der Maria

▼ Jesus im Haus von Martha und Maria, den Schwestern von Lazarus. Es heißt, Martha hätte den Gast bedient, während Maria bei ihm saß und mit ihm sprach.

Eine Frau als Anführerin

Die Weiblichkeit Maria Magdalenas wird in den uns bekannten Texten viel stärker betont als in den gnostischen Evangelien, in denen der innere spirituelle Prozess und die mystischen Lehren der Botschaft Jesu am meisten Gewicht haben. In der »Pistis Sophia« heißt es: »Wenn Jesus von diesen Dingen zu seinen Jüngern sprach, sagte er: ,Wer

Ohren hat zu hören, der höre.‘ Nun geschah es, dass Maria, als sie die Worte des Erlösers hörte, eine Stunde unverwandt ins Leere blickte und sprach: ‚Mein Herr, befiehl mir, offen zu sprechen.‘ Jesus antwortete und sprach zu Maria: ‚Gesegnete Maria, du, mit der ich alle hohen Mysterien vollenden werde, sprich offen, da dein Herz mehr als das all deiner Brüder für das Himmelsreich schlägt.‘«

Was in den frühen Texten, egal ob kanonisch oder gnostisch, am meisten auffällt, ist, dass Maria Magdalena eine treue Anhängerin und geliebte Jüngerin von Jesus ist und eigenständig die Rolle als Verfechterin der Lehren Jesu übernimmt. Ungeachtet ihres Geschlechts ist sie eine wortgewandte Anhängerin. Angesichts ihrer eingeschränkten Rolle als Frau ist es erstaunlich, dass sie überhaupt erwähnt wird. Im kulturellen Kontext der ersten Jahrhunderte der Kirchengeschichte ist es bemerkenswert, dass auf sie verwiesen wird, von ihrer tragenden Rolle in den Texten ganz zu schweigen. Die Gelehrten glauben, dass diese tatsächlich außergewöhnlich war, da die betreffenden Passagen im Laufe der Jahrhunderte ansonsten gewiss gestrichen worden wären. Das Evangelium der Maria berichtet, wie sie den Jüngern eine mystische Vision mitteilt. Der »Dialog des Erlösers« stellt sie als führende Jüngerin dar und als die »Frau, die alles verstand«. Die »Pistis Sophia« beschreibt sie als »gesegneter als alle Frauen« – als wichtigste unter den Jüngern, die ihre einsichtsvollen

▲ Maria Magdalena mit nach oben gewandtem Blick und ihrem kleinen Alabastergefäß (Detail aus Andrea Mantegnas *Die Heilige Jungfrau mit Kind und Johannes dem Täufer und Maria Magdalena*.)

▶ *Der heilige Petrus und die heilige Maria*, ein Detail aus dem »Santa-Lucia-Triptychon« von Carlo Crivelli (ca.1430/35–1495), das Petrus' Gefühle gegenüber Maria Magdalenas Rolle und Position vermittelt.

Deutungen der Lehren Jesu den anderen mitteilt. In den gnostischen »Herakleides-Psalmen« ist es Maria, die als Verkörperung der Weisheit die verlorenen Jünger wieder zu Jesus hinführt. Wir können daher sowohl aus den kanonischen Evangelien als auch in den anderen Schriften ihren frühen Bekanntheitsgrad erkennen. Sogar Petrus bekräftigt, dass Jesus sie mehr liebt als die anderen Jünger. Besonders die gnostischen Evangelien lassen die Spannungen zwischen den männlichen Jüngern, oft durch Petrus repräsentiert, und den Jüngerinnen, aus denen Maria Magdalena hervorsticht, erkennen, wobei Magdalena hier viel stärker im Vordergrund steht als im Neuen Testament. Für Wissenschaftler ist es heute interessant, wie die einzelnen Gruppierungen der urchristlichen Kirche mit Geschlechterfragen umgingen. Fraglos galt Maria Magdalena bei beiden als die bedeutendste Frau, als jene, die Jesus am meisten liebte – auch wenn jede Gruppe mit diesem Wissen anders umging.

Marvin Meyer stellt fest, dass in den Evangelien »die zentrale Bedeutung ihrer Rolle durch die Interessen der Verfasser der Evangelien, die die männlichen Jünger (speziell die Zwölf) und besonders den Rang von Petrus in den Vordergrund stellen, verschleiert wird. Wenn Jesus in Matthäus 16,18 die Worte ‚Du bist Petrus, und auf diesen Felsen werde ich meine Kirche bauen' zugeschrieben werden, schafft das für Petrus die besten Voraussetzungen, den Rang als erster Apostel, und für die männlichen Jünger, ihre apostolischen Ränge als Oberhäupter der entstehenden orthodoxen Kirche, einzunehmen [...]. In Petrus Welt ist es, früher wie heute, schwer, den hohen Rang einer Frau – in unserem Fall von Maria Magdalena – als Lehrerin und Anführerin anzuerkennen.« Die Spannungen zwischen Petrus und Maria Magdalena, die in vielen gnostischen Evangelien angesprochen werden, sind also auch auf institutioneller und kultureller Ebene einleuchtend.

Viele wundern sich heute, wie es möglich war, dass Maria Magdalena, angesichts ihrer frühen Bekanntheit und Nähe zu Jesus, zudem als eine Anführerin, die laut Bibel unter den Ersten war, die

▶ Nächste Doppelseite: Petrus (rechts, kniend) erhält von Jesus den Schlüssel für das Himmelreich und wird so das Kirchenoberhaupt auf Erden.

IMENSV SALAMO
TEMPLVM TV
HOC QVARTE
SACRASTI

▲ Jesu Füße werden mit kostbarem Öl gesalbt, während einige der Jünger missbilligend blicken. Diese »salbende Frau« der Bibel wurde oft mit Maria Magdalena gleichgesetzt.

den Auferstandenen zu Gesicht bekamen, mit dem Bild einer gefallenen oder sündigen Frau, oder, schlimmer noch, mit dem einer Prostituierten verbunden werden konnte. Wie kam das?

Eine Sünderin

Im Jahr 591 stellte Papst Gregor I. (540–604) fest, dass »sie, die Lukas sündige Frau nennt, die von Johannes Maria genannt wird, jene Maria ist, aus der gemäß Markus sieben Teufel ausgetrieben wurden. Was aber bedeuten diese sieben Teufel, wenn nicht die sieben Hauptlaster? Es ist klar, Brüder, dass diese Frau zuvor die Salbe dazu benutzte, um ihr Fleisch bei verbotenen Handlungen zu parfümieren« (»Homilia in evangelia 33«).

Seitdem war in der katholischen Kirche anerkannt, dass alle drei salbenden Frauen im Neuen Testament – Maria Magdalena, Maria von Bethanien und die »sündige« Frau aus dem Lukasevangelium – ein und dieselbe Person, nämlich Maria Magdalena sind. Auch wenn Gregor I. sie nicht direkt als Prostituierte (meretrix) bezeichnete, nannte er sie doch »sündige Frau« (peccatrix), was im Lauf der Zeit zu unglücklichen Konsequenzen führte und ihren Ruf schädigte. So entstand im Lauf der Jahrhunderte das Bild der »bußfertigen« Magdalena. Die östliche byzantinische Kirche hat diese Meinung nie vertreten, sondern über lange Zeit vielmehr tradiert, dass Maria Magdalena eine reine und tugendhafte Frau war. Die »bußfertige« Magdalena ist primär ein Produkt der römisch-katholischen Kirche.

Papst Gregor I. verband Maria Magdalena auch mit der Frau, die man vor Jesus brachte, um sie für Ehebruch zu steinigen. Die Assoziation mit der »Ehebrecherin« war von manchen Kirchenvätern schon einige Jahrhunderte zuvor hergestellt worden, was ein negatives Licht auf sie warf. Auch diese Assoziation deutete in den Augen vieler darauf hin, dass die »Sünde« dieser Frau sexueller Natur war, was das Missverständnis nährte, sie wäre eine Prostituierte gewesen. Außerdem wurde sie mit der heiligen Maria von Ägypten, einer bekehrten Prostituierten, verwechselt.

▼ Papst Gregor der Große, der Urheber der Vorstellung, dass Maria Magdalena eine Sünderin sei.

Ab dem 6. Jh. etabliert sich in der westlichen Kirche das Bild von Maria Magdalena als reumütige Sünderin. Zwei Faktoren stützten diese Sichtweise. Zum einen fand an ihrem Gedenktag die Lesung aus Lukas 7,35–50 statt, die von der namenlosen »Sünderin« handelt, die Jesus weinend die Füße wäscht, mit ihrem Haar trocknet und salbt, zum anderen führte der Kirchenkalender Maria Magdalena als »Sünderin« an.

Rehabilitation

Erst 1969 änderte sich die Politik der römisch-katholischen Kirche hinsichtlich der Bibelstellen, die jedes Jahr an ihrem Gedenktag gelesen werden. Das Römische Messbuch und der Kirchenkalender wurden reformiert und statt Lukas wurden nun Johannes 20,1–2 und 20,17–18 gelesen, wo erzählt wird, wie Maria Magdalena das leere Grab entdeckt. Außerdem wurde die Bezeichnung »Sünderin« aus dem Titel ihres Gedenktages gestrichen. Obwohl viele dies als ersten Schritt der Wiedergutmachung des »Rufmords« an Maria Magdalena sahen, wurde bisher weder ein formales Dekret, noch eine päpstliche Bulle erlassen, um die Angelegenheit weiter zu klären und den Ruf der Heiligen ganz zu rehabilitieren. Viele Kleriker glauben, dass eine solche Geste in naher Zukunft möglich wäre. Dies würde wohl weltweit vor allem von Frauen als längst fällige Gerechtigkeit und als wichtiges theologisches Ereignis gesehen werden. Bedeutende Bibelgelehrte betonen, es sei wichtig, zur Kenntnis zu nehmen, dass Maria Magdalena im Neuen Testament an keiner Stelle als Prostituierte bezeichnet wird.

▲ Papst Paul VI. initiierte den Rehabilitationsprozess der Heiligen. Während seiner Amtszeit wurden die Texte der Lesung an ihrem Gedenktag durch andere ersetzt und sie nicht länger als »Sünderin« bezeichnet.

◄ Jesus mit der Ehebrecherin, zu Unrecht als Maria Magdalena dargestellt.

Darstellungen in der Kunst

Über die Jahrhunderte wurde Maria Magdalena auf vielen berühmten Gemälden oft als die klassische »reumütige Magdalena« mit langem Haar, Alabasterkrug und heilenden Salben dargestellt. Dennoch haben sich einige Künstler die Freiheit genommen, sie in ungewohnter Weise zu porträtieren. So schließt Fra Angelico sie in seinem berühmten Gemälde *Apostelkommunion* in die Jüngerschar mit ein, und Salvador Dalí stellt seine umstrittene Maria Magdalena in *Crucifixion* vor das Kreuz Christi. Die vielen verschiedenen Aspekte dieser mehrdimensionalen Symbolik in der Darstellung der Heiligen faszinieren noch heute. Eine der interessantesten findet man im Evangelium der Maria.

▼ Fra Angelico malte in seinem *Letzten Abendmahl* Maria Magdalena ganz bewusst links von Jesus sitzend.

▲ Maria Magdalena und die Myrrhenträgerinnen kommen am Ostermorgen zur leeren Grabkammer.

2 Funde in neuerer Zeit

DIE ENTDECKUNG WICHTIGER DOKUMENTE IN DER ERSTEN HÄLFTE DES 20. JAHRHUNDERTS HAT NEUES LICHT AUF DIE THESEN UND KONTROVERSEN GEWORFEN, DIE SEIT DER BIBLISCHEN ZEIT EXISTIEREN.

Einleitung

Warum glaubten manche frühe Christen, Maria Magdalena sei Jüngerin gewesen, obwohl andere dies stets verneinten? Während einige frühe Texte ihre Rolle als eine der Ersten oder *der* ersten Zeugin der Auferstehung, als »Apostolin der Apostel«, hervorheben, ignorieren andere sie völlig oder ersetzen sie und bevorzugen eindeutig Petrus und die männlichen Jünger. Solche Darstellungen veranschaulichen die verschiedenen Standpunkte, die es in der frühchristlichen Kirche zu Maria Magdalena gab. Einer dieser Texte – das Evangelium der Maria – ist das einzig bekannte nach einer Frau benannte Evangelium. Es gibt uns Einblick in die urchristliche Kirche und ihr Dilemma hinsichtlich der Rolle der Frau.

▶ Eine Darstellung aus dem 19. Jahrhundert, die Johannes (links) und Petrus zeigt, wie sie am Tag der Auferstehung zur Grabkammer Jesu eilen.

▼ Pieter Coecke van Aelsts *Letztes Abendmahl* ist nur eines von mehreren Gemälden, das eine weibliche Figur an der linken Seite von Jesus zeigt, der Platz, der traditionell dem Apostel Johannes, dem »geliebten Jünger«, vorbehalten war.

In vielen frühen Texten, vor allem in jenen, die die Kirchenhierarchie und das Führungssystem mit einer etablierteren formalen Struktur stützen, dominiert in der Regel Petrus. Wird jedoch die Führungsstruktur der Kirche in einer Gemeinschaft weniger formal dargestellt, so behandeln die Texte die Figur der Maria Magdalena mit viel mehr Wertschätzung. Angesehene Wissenschaftler meinen, dies würde in groben Zügen auf zwei urchristliche Gemeinschaften mit unterschiedlichen Führungsstrukturen und einem konträren Standpunkt zur Rolle der Frau und ihrem Platz in der Kirche hinweisen. Jede junge Organisation hat ihre Gruppierungen, und das frühe Christentum stellte dabei keine Ausnahme dar.

Das Maria-Evangelium

Im Fahrwasser der berühmten Princeton-Professorin Elaine Pagels konstatieren heute einige zuverlässige Textexperten, dass zumindest eine urchristliche Gruppe Maria Magdalena nicht nur als eine Jesus nahestehende Gefährtin sah, sondern auch als eigenständige Anführerin der frühen Kirche, und sie möglicherweise der bislang nicht identifizierte »geliebte Jünger« des Johannesevangeliums ist. Es stimmen zwar nicht alle Wissenschaftler überein, dass diese koptische »Maria« mit Maria Magdalena identisch ist, doch viele Bibelexperten unterstützen diesen Standpunkt aufgrund des Textinhalts.

▲ Elaine Pagels, eine der führenden Maria Magdalena-Expertinnen.

Marvin Meyer stellte 2004 in seinem wegweisenden Buch *The Gospels of Mary* zum Evangelium der Maria fest: »Maria Magdalena ist die einzige Frau, deren Evangelium die Zeit überdauert hat.« Er bezieht sich dabei auf das wichtigste Dokument, das jemals über die Frau gefunden wurde, die viele für Maria Magdalena halten: das Evangelium der Maria. Dieser koptische Text wurde 1896 in Kairo entdeckt, als der deutsche Gelehrte Karl Reinhardt einen alten Papyruskodex kaufte, den »Papyrus Berolinensis 8502« (»Berliner Codex Gnosticus«). Obwohl die darin enthaltene Version des Evangeliums der Maria aus dem 5. Jahrhundert stammt, gilt sie bei vielen als die Übersetzung eines griechischen Textes aus der ersten Hälfte des 2. Jahrhunderts. Der »Codex Gnosticus« enthält vier Texte: das Evangelium der Maria, das »Apokryphon des Johannes«, die »Sophia Jesu Christi« und die »Acta Petri« (»Petrusakten«). Obwohl die Nag Hammadi-Bibliothek keine Abschrift des Evangeliums enthält, wurde es gemeinsam mit den Nag Hammadi-Schriften veröffentlicht und als Teil der gleichen religiösen Bewegung betrachtet.

Solche außerkanonischen biblischen Schriften werden »Apokryphen« genannt, was bedeutet, dass sie »außerhalb« des traditionellen christlichen Kirchenkanons stehen. Davon gab es viele, darunter die Nag Hammadi-Schriften und andere wichtige gnostische Evangelien. Das Evangelium der Maria war ein historischer Fund, der die Schleusen für eine Vielzahl von wissenschaftlichen Untersuchungen über Maria Magdalena und ihre Rolle als geistreiche und dynamische Leitfigur in der frühchristlichen Kirche öffnete.

Nach Elaine Pagels bahnbrechendem Werk *Versuchung durch Erkenntnis. Die gnostischen Evangelien* (1979) wurden in den letzten Jahren einige Bücher veröffentlicht, die zur Erhellung des Evangeliums der Maria und der damit verbundenen Texte beitrugen. 2003 wurde Anne G. Brocks Publikation *Mary Magdalene, the First Apostle* als Teil einer Buchreihe der Theologischen Fakultät in Harvard veröffentlicht. Seitdem analysieren führende Wissenschaftler wie Marvin Meyer, Esther de Boer, Karen King, Jean-Yves Leloup, Bart Ehrman und Jane Schaberg die Texte, bringen neue Übersetzungen ins Englische und auch ins Deutsche heraus und erörtern die Interpretationsmöglichkeiten.

▼ Ein Fragment des Maria-Evangeliums, das 1896 in Kairo entdeckt wurde.

Der Erlöser spricht zu den Jüngern

Was aber sagt uns dieser Text? Die ersten sechs Seiten des Manuskripts fehlen, weshalb das Evangelium der Maria mit einem Dialog nach Christi Auferstehung beginnt. Darin beantwortet Jesus die Fragen seiner Jünger, die sich zum Studium versammelt haben. Ein unbekannter Jünger fragt Jesus, was

▶ *Christus und der heilige Petrus* von Anthonis van Dyck zeigt, wie Petrus die Schlüssel, die zu seinem Symbol werden sollen, übergeben werden. Petrus wird als alter Mann dargestellt, der von der Bedeutsamkeit des Akts sichtlich überwältigt ist.

Materie sei und ob diese ewig währen oder letztlich zerstört würde. Jesus deutet an, dass in der universellen Ordnung der Existenz alles Geschaffene wieder in seinen ursprünglichen Zustand zurückkehren werde, das heißt, die materielle Welt sich letztlich wieder auflösen und alles Geistige wieder zu Gott heimkehren werde. Die Theologen erkennen darin durchaus auch Elemente von Platons Philosophie. Dann fragt Petrus, was die Sünde der Welt sei. Jesus antwortet, es gebe keine Sünde an sich, sondern die Menschen würden diese nur durch ihr Tun erschaffen. Er warnt seine Jünger, sich nicht in die Irre führen zu lassen und das Geistige mit dem Stofflichen zu verwechseln, da der Menschensohn in ihnen sei. Er betont, dass wir nicht im Außen suchen müssten, da das Göttliche in uns sei. Danach befiehlt er den Jüngern, in ihrem Inneren nach ihrem geistigen Menschensohn zu suchen, denn »jene, die ihn suchen, werden ihn finden«. Er bestärkt sie, guten Mutes zu sein und in die Welt zu ziehen, um die Frohe Botschaft zu verbreiten. Schließlich ermahnt er die Jünger, seine Regeln nicht zu verändern und keine unnötigen aufzustellen; stattdessen sollten sie sich auf ihre spirituelle Natur konzentrieren.

▲ Eine Darstellung des Heiligen Petrus aus dem *Leben der Heiligen*. Im Hintergrund sieht man die römische Basilika, die nach ihm benannt wurde, obwohl sie Jahrhunderte nach seinem Tod erbaut wurde.

Dann, ganz unerwartet, verlässt Jesus die Jünger. Sie, die noch von seiner Kreuzigung und der Verfolgung traumatisiert sind und um ihr Leben bangen, weinen, trauern und fragen sich, wie sie in dieser Situation die Frohe Botschaft predigen sollen. Wenn die Ungläubigen Jesus nicht verschont hatten, warum sollten sie verschont bleiben? Schiere Ausweglosigkeit beginnt sich auszubreiten. In diesem Moment erhebt sich Maria Magdalena, um die Schar zu

ermutigen, und ruft sie auf, nicht zu verzagen. Sie betont, dass sie Jesu Größe preisen sollten, da er sie durch seine spirituellen Lehren erst zu wahren »Menschen« gemacht habe. Danach spricht Petrus zu Maria: »Schwester, wir wissen, dass der Retter dich mehr liebte als alle anderen Frauen.« Und er bittet sie, ihnen von Worten Jesu zu berichten, die bislang nur sie vernommen hat.

Marias Dialog mit Jesus

Maria berichtet nun von einer Vision, in der ihr Jesus mit einer mystischen Lehre erschien. Unglücklicherweise fehlen hier vier Seiten des Textes, doch dann setzt sich Marias Offenbarung fort. Sie beschreibt eine komplexe Reise der Seele, bei der diese in himmlische Sphären zurückkehrt und dabei verschiedene Schlüsselstellen passiert, die von dunklen Mächten, die den Aufstieg der Seele zu verhindern versuchen, beherrscht werden. Die Seele überwindet diese spirituellen Herausforderungen und setzt ihre Reise fort, bis sie endlich die irdische Ebene ganz hinter sich lassen kann und in das ewige Reich eingeht. Es gibt vier dunkle Mächte, die die Seele überwinden muss, von denen die letztere sieben Formen, »die sieben Mächte des Zorns«, umfasst: Dunkelheit, Verlangen, Ignoranz, Angst vor dem Tod, die Herrschaft des Fleisches, die törichte Weisheit des Fleisches und die Weisheit der Zornigen. Am Ende ist die Seele siegreich und geht, befreit von der Vergänglichkeit, in das himmlische Reich ein.

Nachdem sie die Vision kundgetan hat, verstummt Maria. Die Jünger scheinen vorerst unsicher, wie sie auf die Vision und ihre mystische Lehre reagieren sollen. Dann bricht Andreas, der Bruder des Petrus, das Schweigen und fordert die anderen auf, ihre Meinung über die Vision mit den anderen zu teilen, verleiht jedoch zugleich seinem Unglauben Ausdruck, dass Jesus so etwas gesagt haben könne, da die Lehre so gar nicht zu ihm passen würde. Petrus verteidigt Andreas und fragt die anderen, ob sie wirklich glauben, dass Jesus an Maria eine Lehre weitergegeben habe, ohne seine

◀ Die *Ekstase der Maria Magdalena* des spanischen Barockmalers José Antolinez zeigt, wie der Heiligen, von Putti emporgehoben, einen Blick ins Himmelreich gewährt wird.

Jünger zu informieren, und dass nun künftig alle Apostel Maria folgen sollten? Er zweifelt offensichtlich an Marias Befähigung, die Botschaft Jesu zu lehren. Nach dieser Konfrontation ist Maria sehr aufgebracht und fragt Petrus, ob er damit sagen wolle, sie hätte sich das alles nur ausgedacht oder die Worte des Erlösers erlogen seien.

Danach ergreift Levi, ein weiterer Jünger, vermittelnd das Wort und weist auf Petrus' hitziges Temperament hin. Er erinnert diesen daran, dass er nun genauso gegen Maria ankämpfe wie die

▶ Petrus war als leicht erzürnbarer Mann bekannt. Hier weist Jesus ihn im Kreis der Jünger darauf hin.

»Gegner«, die negativen geistigen Kräfte, die den Menschen im materiellen Reich gefangen hielten. Dann fragt er Petrus: »Wenn der Erlöser Maria als würdig befunden hat, wie kannst du sie zurückweisen?«

Daraufhin rät Levi den Jüngern, den Streit zu beenden und das, was ihnen Jesus aufgetragen hat, auszuführen – wie vollkommene Menschen zu handeln und die Frohe Botschaft zu verkünden. Und so geschieht es auch: In der griechischen Version geht Levi allein fort, in der koptischen gehen alle Jünger zusammen.

Damit endet das Evangelium der Maria. Es scheint, dass Marias Führungsposition am Anfang sogar von Petrus und Andreas anerkannt wurde. Nachdem Maria ihre Vision vollends mitgeteilt

hat, befürchten einige Jünger wohl, die Absolutheit der Botschaft Christi nur unvollständig verstanden zu haben. Sie können Maria in der Rolle als Lehrerin und geistige Leitfigur aber nur schwer anerkennen.

Es gab in den frühchristlichen Gemeinden mehrere derartige Geschlechterkämpfe: einige ermutigten Anführerinnen und Lehrerinnen, andere nicht. Auch später anerkannten viele gnostische Gruppen Maria Magdalena als geistige Anführerin oder Schutzpatronin, während Petrus diese Rolle in den konventionellen Gemeinden einnahm. Insgesamt verdeutlicht das Szenario des Evangeliums der Maria ihre Bekanntheit als inspirierende Leitfigur und Visionärin – als die »Frau, die alles verstand«.

3 Mythos und Geschichte

DIE VERBREITUNG VON MYTHEN UND LEGENDEN ÜBER LEBEN, TOD UND GRABLEGUNG VON MARIA MAGDALENA SIND ENG MIT HISTORISCHEN FAKTEN VERWOBEN UND LASSEN SO EIN SCHILLERNDES BILD ENTSTEHEN. ES IST ALLERDINGS NICHT IMMER HISTORISCH ZUVERLÄSSIG.

Einleitung

Der heilige Gral und seine Erben war eine der Buchsensationen im späten 20. Jahrhundert. Der 1982 erschienene Bestseller vertritt die These, Jesus sei nicht am Kreuz gestorben, sondern hätte seinen Opfertod überlebt; er sei mit Maria Magdalena verheiratet gewesen und hätte mit ihr Nachkommen gezeugt. Obwohl für die meisten Experten klar ist, dass sich diese Theorie auf keine substanziellen Beweise stützt, erfreut sie sich großer Beliebtheit.

▶ Diese Darstellung der Kreuzabnahme ist eine von vielen, die den Glauben an den Tod und die Auferstehung Jesu vermitteln.

◀ Nicolas Poussins (1594–1665) rätselhaftes Gemälde *Et in Arcadia Ego* wurde im Sensationsbuch *Der heilige Gral und seine Erben* mit Maria Magdalena und der Gralsuche verbunden.

Die vermeintliche Heirat von Jesus und Maria Magdalena

▼ Dieses Fresco von Giotto di Bandone in der Maria Magdalena-Kapelle in der Basilika San Francesco in Assisi, Italien, zeigt die Ankunft des heiligen Maximinus in Marseille, gemeinsam mit Lazarus und seiner Familie.

Die Verfechter dieser Theorie postulieren, dass Maria Magdalena und einige von Jesu Verwandten, einschließlich dem jüngsten Kind, nach der Kreuzigung nach Südfrankreich geflohen seien, wo sie sich jüdischen Gemeinden angeschlossen hätten. Jahrhunderte später hätten ihre Nachkommen in die Dynastie der Merowinger eingeheiratet. So sei ein noch heute existierender geheimer Stammbaum entstanden. Dieser sei über die Jahrhunderte durch mittelalterliche Gruppierungen, wie die der Templer, die der

Katharer und eine Geheimgesellschaft namens Prieuré de Sion – eine Organisation, von der sich mittlerweile herausgestellt hat, dass sie nicht im Mittelalter, sondern erst 1956 in Frankreich gegründet wurde – aufrechterhalten worden.

▲ Der Heilige Josef von Arimathäa: Der Legende nach kam er nach England und predigte in Glastonbury das Evangelium. Es heißt, er habe seinen Stab in den Boden gestoßen, woraufhin sich dieser in einen Weißdornbusch verwandelt habe.

Viele Theorien, die die gegenwärtige Faszination von Maria Magdalena in der westlichen Populärkultur anheizen, hat es schon lange vor den aktuellen Romanen, Filmen oder Fernsehshows gegeben. Die Vorstellung einer vermeintlichen Heirat Jesu – trotz der Abwesenheit jeglicher überlieferter Hinweise – ist für viele Christen seit jeher ein umstrittenes Thema. Einige mündlich überlieferte Legenden berichten von der Ankunft einer rätselhaften Gruppe Vertriebener aus dem Heiligen Land an der Küste der französischen Provence – darunter sollen sich auch Maria Magdalena und andere nahe Verwandte Jesu befunden haben. Anderen Versionen dieser Legenden zufolge blieben Maria Magdalena und ein Teil der Gruppe in der Provence, während einige aus der Gruppe um Josef von Arimathäa nach Britannien zogen. Einer weiteren mündlichen Überlieferung zufolge war es Jakobus, ein vermeintlicher Sohn Jesu, der mit Josef von Arimathäa nach Westengland ging, und nicht der junge Jesus, wie eine volkstümliche Version der Legende von Glastonbury in England besagt. Fast alle diese Volkslegenden beziehen sich allerdings auf die Provence und ihre Umgebung und wurden erst im Mittelalter, wahrscheinlich von Kirchenmännern, aufgezeichnet, um Pilger anzuziehen und so ihr Einkommen aus den Heiligengräbern aufzubessern. Manche Elemente dieser provenzalischen Legenden überlagerten jedoch weit ältere Überlieferungen, die in diesem Gebiet schon zuvor existiert hatten, wie Untersuchungen von Arnold Lebeuf, einem Spezialisten in Ethnoastronomie und Mythologie, zeigen. In seinem Artikel in der Zeitschrift »Vistas in Astronomy«: »Maria Magdalena, the Morning Star«, berichtet er 1995, dass der Magdalenenkult in Sainte-Baume sich aus dem Venuskult entwickelt hatte. Dies ist möglicherweise ein weiteres Beispiel für die Überlagerung eines viel älteren heidnischen Brauchs der Region durch christliche Aspekte. Obwohl Historiker, Archäologen und Theologen immer wieder darauf hinweisen, dass diese mittelalterlichen Berichte märchenhaften Charakters sind, geht von ihnen eine ungebrochen große Anziehungskraft aus.

Einige der klösterlichen Aufzeichnungen, die aus aller Welt bekannt sind, beziehen sich manchmal auf die rätselhaften *Desposyni* – eine Gruppe vermeintlicher Blutsverwandter Jesu, die Nachkommen aus dem Haus David waren. Das Phänomen der *Desposyni* war theologischen Gelehrten und Übersetzern des Neuen Testaments als eine Bezeichnung für die Verwandten Jesu in verschiedenen Schriften des Neuen Testaments – etwa Markus 3,21 und 3,31 – schon lange bekannt. Da die männlichen Verwandten Jesu nach dessen Kreuzigung verständlicherweise als mögliche Bedrohung der bestehenden Ordnungen galten, wurden sie vielfach verfolgt. Die verschiedenen christlichen Kirchen waren seit jeher unterschiedlicher Meinung, wer denn die *Desposyni*

▲▶ Eusebius (ca. 260–341), der sogenannte »Vater der Kirchengeschichte«, bezeichnete die vermeintlichen Verwandten Jesu in seiner *Historia Ecclesiae* als *Desposyni*.

◄ Diese Tafel des *Landauer Altars* von Albrecht Dürer aus dem frühen 16. Jahrhundert zeigt König David und seine Vorfahren einschließlich Moses. Jesus galt als direkter Nachfahre des Königs; laut Bibel stammt er »aus dem Haus David«.

▶ Die Christenverfolgung der römischen Kaiser Vespasian und Domitian trugen nach Jesu Kreuzigung und Auferstehung maßgeblich zur weitläufigen Verstreuung seiner Familie bei.

genau waren – Jesu Brüder und Schwestern, seine Cousins oder weitere »Verwandte des Herrn«. Als die Familie sich zerstreute und floh, landete sie in weit voneinander entfernten Gebieten. Frühe kirchliche Aufzeichnungen des Eusebius (»Historia Ecclesiae« 3,20) beziehen sich etwa auf die Verwandten von Jesu Familie; solche frühen Gemeinden judäischer Christen, etwa die Nazarener oder Ebioniten, waren bekannt dafür, einen *Desposynos* als Patriarchen ihrer Gemeinde zu haben.

Mit der Entwicklung des institutionellen Christentums nahmen auch die Spannungen zwischen den judäischen Christen und Rom zu. Noch heute stellt dies innerhalb einiger Glaubensrichtungen ein wichtiges religionsgeschichtliches Thema dar. Man weiß etwa, dass nach 70 n. Chr. die römischen Kaiser Vespasian und Domitian die Familie von David, eben jene *Desposyni*, verfolgen und töten ließen. Dies wird auch in anderen weltlichen und klösterlichen Texten beschrieben, was viele Theologen dazu anregte, der Angelegenheit nachzugehen und nach weiteren Hinweisen zu suchen, was mit diesen »Nachkommen des Hauses David« geschehen war, um Klarheit über ihre Identität zu erlangen. Einige Bibelgelehrte sind der Meinung, dass die *Desposyni* vor allem die Nachkommen von Maria, der Mutter Jesu, waren. In jüngster Zeit, vor allem seit dem Bestseller *Sakrileg* und dem nachfolgenden Film *The Da Vinci Code*, hat das Interesse an den *Desposyni* zugenommen und zu wissenschaftlich-theologischen Debatten, neuer Bibelforschung und wilden Spekulationen geführt. Bis heute wurden aber keine eindeutigen Hinweise zur genauen Identität oder zum Schicksal dieser Gruppe gefunden. Daher lässt sich zu diesem Thema keine sichere Aussage machen, bis weitere Schriften entdeckt werden. Ebenso wenig gibt es einen dokumentierten Beweis für eine Ehe zwischen Jesus und Maria Magdalena. Doch die Legenden über das Schicksal der *Desposyni* leben weiter, auch in Verbindung mit einer anderen wichtigen mittelalterlichen Gruppierung – mit den Tempelrittern.

▼ Auf dieser Altartafel von Quentin Massys wendet sich die heilige Anna (die Mutter Marias, der Mutter Gottes) dem auf dem Schoß der Jungfrau sitzenden Jesuskind zu.

Die Tempelritter und Maria Magdalena

Obwohl nur wenige Aufzeichnungen aus dem Mittelalter erhalten sind, konnten Experten aus authentischen historischen Dokumenten des Templerordens (zwischen 1119 und 1312) die damals

▶ Der Heilige Bernhard von Clairvaux, der zisterziensische Verfasser der Ordensregel der Templer, zeigt den Tempelrittern das Schriftwerk.

gültigen Ordensregeln rekonstruieren. Bernhard von Clairvaux, der mächtige Zisterzienserabt, war ihr wichtigster Fürsprecher. Bei seiner Mitwirkung an der Festlegung der Templerregel im Jahr 1129 empfahl er den Rittern bei ihrer Aufnahme in den Orden unter anderem »den Gehorsam zu Bethanien, der Burg von Maria und Martha«. Der Ort Bethanien wird in der Bibel als Heimat der Geschwister Maria, Martha und Lazarus genannt, wo dem Johannesevangelium 12,1–8 zufolge Jesus von einer Frau namens Maria von Bethanien gesalbt wird.

▲ Jesus wird von Maria von Bethanien gesalbt. Da in der Bibel Bethanien als der Heimatort von Maria, Martha und Lazarus erwähnt wird, halten einige Theologen Maria von Bethanien für Maria Magdalena, die Schwester des Lazarus.

Viele Theologen haben über Jahre hinweg spekuliert, ob Maria von Bethanien und Maria Magdalena ein und dieselbe Person sind; gleichzeitig haben sie aber eingeräumt, dass dies nicht nachweisbar sei.

Die Quellen belegen, dass die Tempelritter Maria Magdalena hoch verehrten. Obwohl das zentrale mittelalterliche Templerarchiv auf Zypern 1571 von den Türken zerstört worden sein soll und wenig über die genauen Zeremonien der Templer bekannt ist, haben Historiker doch die Schlüsselstelle ihrer mittelalterlichen Ordensregel übersetzt, die den strengen Kodex, nach dem jeder Templer sein Leben ausrichten musste, sorgfältig umreißt.

In der Ordensregel wird eindeutig auf den 22. Juli, den Maria Magdalena gewidmeten Feiertag, verwiesen. Dieser Tag war unumstritten ein wichtiges Datum im jährlichen Templerkalender. Bis dato gibt es jedoch keine offiziellen Beweise dafür, dass Bernhard von Clairvaux Maria Magdalena meinte, wenn er in der Ordensregel »Unsere Herrin, die heilige Maria« anrief. Ferner wurden fast alle Stiftungen von Land und anderen Besitztümern im Namen der heiligen Jungfrau Maria (die weitläufig als Schirmherrin des Ordens bekannt war) und nicht im Namen von Maria Magdalena getätigt. Und doch wird Maria Magdalena in der Ordensregel erwähnt und, wie in Abschnitt 75 festgehalten, an ihrem Feiertag in allen Templerhäusern verehrt.

▼ Die Jungfrau mit Kind wird von einem Mönch des von Bernhard von Clairvaux gegründeten Zisterzienserordens angebetet.

Eine kostbare Reliquie

Es gibt keinen Beweis, der die weitverbreitete These unterstützt, der Templerorden hätte an eine Heirat Jesu geglaubt. Auch die Ordensregel besagt nichts diesbezüglich. In Abschnitt 122 der Regel wird die Behandlung unterschiedlicher Schätze und Reliquien dargelegt. Daraus ist ersichtlich, wie sehr sie ihre wertvollste Reliquie – ein Stück des »wahren Kreuzes« – verehrten und dass sie genau festlegten, wie diese Tag und Nacht ausschließlich von vollrangigen Tempelrittern (also

▶ Der heiligen Helena, Mutter von Kaiser Konstantin, wird die Auffindung des Heiligen Kreuzes zugeschrieben, einer Reliquie, die von den Tempelrittern verehrt wurde. *Das Wunder der heiligen Helena und das Wahre Kreuz* von Jean Colombe zeigt eine Tote, die, nachdem sie auf das Kreuz gelegt wurde – wieder zum Leben erwacht.

keinen Knappen oder Junkern) bewacht werden sollte. Die Templer behaupteten, auch eine Reliquie aus der Dornenkrone zu besitzen, doch hinsichtlich einer Magdalena-Reliquie gibt es keine Erwähnung. Dem steht die Ansicht gegenüber, dass die Templer, hätten sie tatsächlich an eine Ehe zwischen Jesus und Maria Magdalena geglaubt, alles in ihrer Macht Stehende getan hätten, um deren Reliquien zu finden und in noch höherem Maße zu verehren. Sie hätten wohl auch versucht, ihre möglichen Erben ausfindig zu machen und sie zu beschützen. Auf jeden Fall hätten sie ihren Glauben an die Heirat von Jesus und Maria Magdalena in ihrer Glaubensregel festgehalten. Ironischerweise scheint die Ordensregel den Glauben an die Kreuzigung Christi zu bestätigen, da sie als kostbarste Reliquie »ein Stück vom wahren Kreuz« beschreibt. Vielleicht sind nicht alle Aufzeichnungen der Templer erhalten geblieben oder gefunden worden, und es tauchen in Zukunft noch andere Abschriften auf. Andere Theorien stellen fest, dass eine vermeintliche Heirat Jesu hätte geheim bleiben müssen und die Templer niemals riskiert hätten, einen solchen Glauben der offiziellen Kirchenpolitik direkt entgegenzustellen. Auch sie verweisen darauf, dass Beweise auftauchen könnten. Nach dem Niedergang der Templer im Jahr 1314 erbten ihre Gegner, die Johanniter, alle Tempelgüter und behaupteten später, eine Reliquie der heiligen Maria Magdalena zu besitzen – einen Finger.

▲ Die Johanniter sind als Rivalen und Nachfolger der Tempelritter bekannt.

◄ Der Krak des Chevaliers im heutigen Syrien ist die größte Kreuzritterfestung, die jemals errichtet wurde und war die Hochburg des Johanniterordens.

Sophia und die göttliche Weiblichkeit

Die Weisheit hat ihr Haus gebaut
und ihre sieben Säulen behauen …
Kommt, esst von meinem Brot …
und geht auf dem Weg der Einsicht …
Die Sprüche Salomos 9,1

Die Weisheit in weiblicher Personifizierung ist eines der ältesten und schillerndsten Konzepte der antiken, alt- und neutestamentarischen, apokryphen und mittelalterlichen Schriften. Die Weisheit als weibliche Gottheit hat in der westlichen spirituellen Tradition vielerlei Gestalt – *Sophia* in der griechischen und christlichen Tradition, *Schekhinah* im Judentum und *Natura* in der Philosophie des Mittelalters. Die Figur der Weisheit und ihre Geheimnisse, die die göttliche Weiblichkeit in ihren vielen Erscheinungsformen verkörpert, haben durch die Jahrhunderte ihren Nachhall gefunden, vom »Buch der Sprichwörter« und dem »Hohelied Salomos« bis zu den Schriften der Kirchenväter im Hochmittelalter, von den sieben weiblichen Säulen der Weisheit in der Antike bis zum antiken Bildungskanon, der vielen bis heute vertraut ist – den sieben freien Künsten. Während Sophia so viel wie »Weisheit« auf Griechisch bedeutet, stellt sie in gnostischen und apokryphen Texten eine wichtige Figur dar und ist im Alten und Neuen Testament die Hypostase oder Personifizierung göttlicher Weisheit. Während »der *Logos*« (griechisch: »das Wort«) im Christentum als männlich gilt, ist Sophia weiblich. In der Weisheitstradition waren Sophia und Christus, der Logos, stets eng verbunden; man betrachtete sie als das essenziell gleiche Prinzip. Sophia liegt demnach die gleiche Idee zugrunde wie dem Logos: das Prinzip der Bewusstheit, das transzendentale »Ich«, das die Welt in und

▶ Diese russische Ikone aus dem 17. Jahrhundert zeigt die thronende Sophia, die heilige Weisheit, in Form eines feurigen Engels.

▲ Die kaiserliche Galerie in der Hagia Sophia, die der christliche Kaiser Justinian in Konstantinopel errichten ließ.

durch uns erfährt. Die biblischen und andere alte Schriften lehren uns, dass sie schon am Anfang war, allgegenwärtig. Dieses Prinzip war zu Beginn des Christentums deutlich formuliert; später ging jedoch die Identifizierung der weiblichen Sophia mit dem männlichen Logos – Christus – allmählich verloren. Sophia verkam im westlichen Christentum zu einer unwichtigen Randfigur.

Noch heute halten die verschiedenen orthodoxen und koptischen Kirchen die Flamme der Sophia viel direkter am Leben als die römisch-katholische Kirche. Eine der wichtigsten Kirchen des frühen Mittelalters in Konstantinopel (Istanbul) war die Hagia Sophia (Heilige Weisheit), deren Vollendung dem byzantinischen Kaiser Justinian die Worte »Salomo, ich habe dich übertroffen!« entlockte. Die Ausgestaltung dieses außergewöhnlichen Bauwerks aus dem 6. Jahrhundert – nach Sophia, der Weisheit selbst benannt – interessierte auch den im Frankreich des 12. Jahrhunderts lebenden, mächtigen Abt Suger von Saint-Denis und ermutigte ihn dazu, den Bau der ersten gotischen Kathedrale voranzutreiben. Das heutige Interesse an Sophia wurde durch die Beschäftigung mit der Gnostik, mit den Werken Carl Jungs, mit den Schriftrollen vom Toten Meer und Maria Magdalena sowie durch das erweiterte Bewusstsein für die Rolle der Frau geschürt.

Es gibt viele alttestamentarische und apokryphe Weisheitsschriften aus der Antike: Im »Lied der Lieder« ist die Figur der Weisheit eine schöne dunkelhäutige Frau, Sulamith. In den metaphorischen Versen im »Hohelied Salomos« (1,5), einem der berühmtesten Liebesgedichte aller Zeiten, spricht sie: »Braun bin ich, doch lieblich.« Im Buch der Sprüche Salomos (9,1) spricht die Weisheit zu uns und bittet uns, mit ihr zu essen und ihre Weisheit zu teilen: »Die Weisheit hat ihr Haus gebaut und ihre sieben Säulen behauen [...] Kommt, esst von meinem Brot [...] und geht auf dem Weg der Einsicht.« Und im Buch Sirach (24,46) sagt sie unter anderem: »Auch schütte ich meine Lehre aus wie Prophetenworte und hinterlasse sie kommenden Geschlechtern.«

▶ Nächste Doppelseite: Die Hagia Sophia, zunächst Kirche, dann Moschee, heute Museum, beherrscht das Stadtbild Istanbuls.

Die göttliche Weiblichkeit

Die Vorstellung einer Weisheit und Erkenntnis verkörpernden Frau, die in späterer Zeit oft unbeachtet, verschmäht oder marginalisiert wurde, findet im Neuen Testament ihre deutliche Entsprechung in Maria Magdalena. Während in konventionellen theologischen Kreisen das Interesse an weiblichen Bibelfiguren steigt und es große Kontroversen über eine klare Definition des »göttlich Weiblichen« gibt, sind auch im Allgemeinen ein verstärktes Interesse und vermehrte Untersuchungen zum Thema zu beobachten. Viele Gruppierungen und neue religiöse Bewegungen sehen Maria Magdalena heute als Verkörperung der universellen Sophia, als entscheidendes Bindeglied zwischen Mensch und Gott, als wichtige »Schlichterin« des neuen Jahrtausends. Streng gläubig oder nicht, eine vermehrte Auseinandersetzung mit dem weiblichen Aspekt des Göttlichen und den Weisheitsschriften bleibt bestehen, im Gedenken an »die Frau, die alles verstand«.

▼ Ein Gemälde der heiligen Maria Magdalena, die – ungewöhnlicherweise – blau gekleidet ist, in der Hagia Sophia.

4 Die westliche Tradition

DER LEGENDE ZUFOLGE HAT SICH DIE HEILIGE MIT ANHÄNGERN JESU IM 1. JAHRHUNDERT IN DER PROVENCE NIEDERGELASSEN. DAS ERKLÄRT UNTER ANDEREM DEN STARKEN BEZUG DER WESTLICHEN KIRCHE ZU MARIA MAGDALENA.

NE.DESP
ETIS.
UOS.QUI
PECCARE
SOLETIS.
EXEMPLO
QZ.MEO.
UOS.REPA
RATE.DE
O.:-

Einleitung

Die Reliquien von Maria Magdalena in Westeuropa entstammen hauptsächlich dem mittelalterlichen Frankreich. Eine besondere Rolle spielen hier die beiden Regionen Burgund und Provence.

Die meisten mittelalterlichen Pilger kannten die große Basilika von Vézelay im Burgund, nach Rom, Jerusalem und Santiago de Compostela, der beliebteste Wallfahrtsort des Christentums. Dass eine große Basilika beständig Millionen von Pilgern anzog, ist an sich schon ungewöhnlich, doch was heute oft übersehen wird, ist, dass es die meisten dorthin zog, weil die Basilika der heiligen Maria Magdalena – Sainte Marie-Madeleine – geweiht war, was deren große Popularität im Mittelalter untermauert.

▼ ▶ Die prachtvolle Basilika von Vézelay, die 1104 geweiht wurde, war immer ein wichtiger Wallfahrtsort, der eine starke Verbindung zu den Kreuzzügen hatte.

Saintes-Maries-de-la-Mer

Einige Berichte aus mittelalterlichen Handschriften erzählen von der vermeintlichen Ankunft einer besonderen Gruppe von Flüchtlingen, die nach Jesu Kreuzigung aus dem Heiligen Land kam. Für Christen war dies eine schwere Zeit. Verschiedene Legenden sprechen davon, dass insbesondere diese Schar gehetzt und verfolgt worden sei und man sie ins Exil gesandt hätte, in einem »Schiff ohne Ruder« oder Segel, um sie auf ihrer Fahrt über das Mittelmeer an Hunger und Erschöpfung sterben zu lassen. Jacobus de Voragine legt folgenden lebhaften Bericht über ihre Schiffsreise und Ankunft vor:

Nachdem der Herr bereits in den Himmel aufgefahren war, nämlich vierzehn Jahre nach seinem Leiden, als die Juden schon lange den Stephanus getötet hatten und die übrigen Jünger aus ihrem Land vertrieben hatten, zogen die Jünger in viele heidnische Länder, um das Wort Gottes auszusäen. Zu dieser Zeit war der selige Maximinus, einer von den zweiundsiebzig Jüngern des Herrn, bei den Aposteln. Seiner Obhut hatte der selige Petrus Maria Magdalena empfohlen. Als nun die Jünger sich zerstreuten, geschah es, dass der selige Maximinus, Maria Magdalena, ihr Bruder Lazarus, ihre Schwester Martha mit ihrer treuen Magd Maritilla und auch der heilige Cedonius, der von Geburt blind war, aber vom Herrn geheilt wurde, zusammen mit mehreren anderen Christen von den Heiden in einem steuerlosen Schiff auf dem Meer ausgesetzt wurden, wo sie alle ertrinken sollten; durch göttliche Fügung gelangten sie aber nach Massilia. Dort fanden sie niemanden, der ihnen Unterschlupf gewähren wollte und blieben deshalb in der Vorhalle eines heidnischen Tempels. Als Maria

▶ Maria Magdalena wird auf Engelsflügeln emporgehoben – das Schiff, das sie in die Provence brachte und hier mit Segel und Ruder dargestellt wird, ist unten links zu sehen.

BEATE

▶ Der *Magdalenenaltar* von Lucas Moser in Tiefenbronn bei Pforzheim. Das linke Bild zeigt die Ankunft der Heiligen und ihres Gefolges in der Provence.

Magdalena sah, wie das Volk zu dem Heiligtum strömte, um den Götzen zu opfern, stand sie auf und begann mit sanfter Miene, heiterem Gesicht und milden Worten die Leute vom Götzenkult abzukehren und predigte ihnen ohne Unterlaß vom christlichen Glauben. Da wunderten sich alle Leute über ihre Schönheit, ihre Beredsamkeit und ihre süßen Worte. Und tatsächlich ist es kein Wunder, daß die Lippen, die die Füße unseres Erlösers mit so frommen und so süßen Küssen bedeckten, besser als alle anderen den Duft von Gottes Wort verströmten.

Jacobus de Voragine, *Legenda aurea*

Die Berichte unterscheiden sich darin, wer Teil des Gefolges im Boot war, doch vor allem erzählen sie von Maria Jacobae, der Mutter des Jakobus und Schwester der Jungfrau Maria, von Maria Salome, der Mutter der Apostel Jakobus des Älteren und Johannes, außerdem von Maria Magdalena, Martha, Lazarus, dem heiligen Maximinus und einer Frau namens Sara. Es heißt, sie hätten, nachdem sie bei Saintes-Maries-de-la-Mer gestrandet waren, der Jungfrau Maria ein Gebet gewidmet, bevor sie sich zerstreuten. Martha soll nach Tarascon, Maria Magdalena nach Sainte-Baume gezogen sein. Maria Salome und Maria Jacobae, die später im dortigen Betsaal begraben wurden, sowie Sara wären vor Ort geblieben.

Es heißt, die Flüchtlinge hätten auch den Kopf von Jakobus dem Jüngeren sowie die Gebeine der Unschuldigen Kinder mitgebracht. Viele mittelalterliche Manuskripte beziehen sich auf die Ankunft der Flüchtlinge aus dem Heiligen Land in der Provence, doch jene, welche die Überführung der Reliquien von dort nach Vézelay behandeln, stammen aus dem 11. Jahrhundert – also aus späterer Zeit.

▼ Statuen der Heiligen werden bei den Feierlichkeiten zu Ehren von Maria Salome und Maria Jacobae in Saintes-Maries-de-la-Mer ins Meer getragen.

▲ Die Kirche Notre-Dame-de-la-Mer in Saintes-Maries-de-la-Mer, die auf der heiligen Stätte einer dreifachen keltischen Wassergöttin errichtet wurde. Sie enthält Statuen der drei Marien und ist seit dem 15. Jahrhundert besonders den Roma heilig.

Der ursprüngliche Ort der Ankunft in der Provence, Saintes-Maries-de-la-Mer, erhielt seinen Namen 1837, als die dortige Kirche offiziell Maria Salome und Maria Jacobae geweiht wurde.

Es ist dies ein sehr alter Ort südwestlich von Arles, an dem ein Arm der Rhône in das Mittelmeer mündet. Er liegt am Ende eines flachen und sumpfigen Gebietes, der Camargue, was den Eindruck einer abgelegenen heiligen Stätte vermittelt. Die Stadt wurde erstmals im 4. Jahrhundert v. Chr. erwähnt und als Meereshafen Oppidum Priscum Ra, kurz Ra (Ratis), vermerkt. Sehr früh schon geleitete ein Leuchtturm ägyptische Handelsschiffe in das Gebiet, später kamen Mönche aus Ägypten hinzu. Isis, Pelagia, Artemis und Kybele wurden hier schon zu dieser Zeit verehrt und man nimmt an, dass sich dort auch eine heilige Quelle der dreifachen keltischen Wassergöttin befand. Historiker können belegen, dass die jüdische Zuwanderung schon früh begann und nach der Zerstörung Palästinas im Jahr

70 n. Chr. zu einer wahrhaftigen Flutwelle anschwoll. Unter den Flüchtlingen befanden sich auch viele Christen.

Schon ab dem 1. Jahrhundert soll es in Saintes-Maries-de-la-Mer eine christliche Gemeinde gegeben haben. Die ersten dokumentierten Hinweise stammen allerdings aus dem 5. Jahrhundert, als man die kleine Kirche Sancta Maria de Ratis (der heiligen Maria der kleinen Insel geweiht) errichtete. Im 6. Jahrhundert stiftete der heilige Caesarius von Arles (470–542) dieses kleine Inselheiligtum einem etablierten religiösen Orden, und im späten 11. Jahrhundert übertrug der Erzbischof von Arles Sancta Maria de Ratis den Mönchen von Montmajour, die in der Nähe von Arles lebten. Die Legende von der Ankunft einer Gruppe aus Palästina, der Jesus nahe stehende Personen angehörten, war bald weit über die Provence hinaus bekannt.

◀ Die Kirche Sancta Maria de Ratis aus dem 5. Jahrhundert in Saintes-Maries-de-la-Mer.

▶ Nächste Doppelseite: Die berühmten weißen Camargue-Pferde streifen frei über das flache Marschland, das einen willkommenen Hafen für die Flüchtlinge aus dem Heiligen Land bot.

Maria Magdalena, Sainte-Baume und der heilige Maximinus

Es heißt, Maria Magdalena habe nach der Ankunft mit ihren Gefolgsleuten bei Saintes-Maries-de-la-Mer ein friedliches Leben gesucht und sich in eine Berghöhle bei Sainte-Baume zurückgezogen, die im Herzen eines alten Druidenwaldes lag. Dieser Ort wurde nach dem heiligen Balsam – Sainte-Baume – benannt, mit dem Maria Magdalena Jesus salbte. Dort hätte sie ihre letzten 33 Lebensjahre in Buße und tiefer spiritueller Kontemplation verbracht, was zu dem im Mittelalter vorherrschenden Bild der »asketischen Heiligen« führte.

▲ Katharina von Siena, eine berühmte Mystikerin und Kirchenlehrerin, die Maria Magdalena verehrte und ihre Askese nachahmte.

Interessanterweise war aber die Schutzherrin dieser Grotte bei Sainte-Baume bis 1170 die Jungfrau Maria und nicht Maria Magdalena. Doch Maria Magdalenas Name wurde in den Legenden lange in Verbindung mit dieser heiligen Stätte genannt. Sie galt als begabte Mystikerin, deren Leben von zahlreichen Wundern und übernatürlichen Ereignissen beherrscht war. Die Nonnen und Mönche im Mittelalter bewunderten das Bild der Einsiedlerin Magdalena und sahen in ihrer strengen Askese das Ideal eines gottergebenen Lebens. Der Legende nach fastete Maria Magdalena in der Grotte von Sainte-Baume 33 Jahre lang. Katharina von Siena, die die heilige Maria Magdalena als Mutter ansah, unternahm extreme Fastenkuren, um es ihr gleichzutun.

Viele mittelalterliche Legenden dieser Zeit handeln von »Hostienwundern«, die sich so vollziehen, dass es während der Eucharistie zu einer wundersamen Erscheinung kommt. Das Einnehmen der Hostie soll die Aufnahme jeglicher anderen Nahrung unnötig machen. Eine Legende besagt, dass Maria Magdalena in der

▶ Maria Magdalena am Eingang der Höhle von Sainte-Baume. Dieses Gemälde von José de Ribera aus dem 17. Jahrhundert stellt sie mit ihren Markenzeichen (roter Umhang, langes Haar und Alabasterkrug) dar.

Höhle bei Sainte-Baume zu den sieben kanonischen Stunden »auf Engelsflügeln« in die Lüfte getragen wurde und mit himmlischer Nahrung in Form der Hostie versorgt wurde. Dies wird in der *Legenda aurea*, die viele außergewöhnliche Ereignisse um Maria Magdalena in Sainte-Baume zu berichten weiß, wiedergegeben.

Obwohl man ihre Reliquien in der nahen Abtei Saint-Maximin vermutet, wurde auch die Höhle auf dem Hügel von Sainte-Baume eine wichtige Pilgerstätte. Religiöse Menschen besuchten sie, um ihre Gelübde zu erfüllen, freigelassene Gefangene dankten der Heiligen, im Glauben, ihre mächtige Fürbitte hätte sie befreit. Es ist auch von einigen mittelalterlichen Damen aus Marseille bekannt, dass sie regelmäßig den steilen Aufstieg auf den Bergrücken in Kauf nahmen, um ihre geliebte Heilige, Maria Magdalena, anzubeten.

Einige Berichte aus dem Mittelalter weisen außerdem darauf hin, dass Maria Magdalena eine Ampulle des kostbaren Bluts Jesu mit sich geführt hätte. Diese Reliquie wird in der Kirche von Saint-Maximin aufbewahrt, wo ihr Grab seit dem 5. Jahrhundert verehrt wird, obwohl manche ihrer Reliquien in jüngster Zeit wieder nach Sainte-Baume gebracht wurden.

▼ Die wilde Landschaft um Sainte-Baume, wo sich die Grotte befindet, in der Maria Magdalena ihre letzten 33 Lebensjahre in Gebet und fastend verbracht haben soll.

Maria Magdalena im Gebiet um Marseille

▲ Diese Ikone Maria Magdalenas zeigt die Heilige beim Predigen des Evangeliums, wofür sie im Umkreis von Marseille sehr verehrt wurde.

Provenzalischen Legenden zufolge ging Maria Magdalena nach der Kreuzigung Jesu in Marseille, nahe bei Saintes-Maries-de-la-Mer, an Land. Dabei wird Maria Magdalena als wichtigste Jüngerin des Gefolges beschrieben, die vor dem Volk ergreifende Predigten hielt und viele zum Christentum bekehrte. Das Bild, das beim einfachen Volk dieses Gebietes im Mittelalter am populärsten war, ist das der Maria Magdalena als bedeutende Evangelistin der Provence, was in starkem Kontrast zum Bild der zurückgezogenen Einsiedlerin steht, das auf Ordensmitglieder und religiöse Gemeinden Eindruck machte.

Es ist überliefert, dass die Missionierungstätigkeit des Gefolges aus dem Heiligen Land die Bevölkerung so beeindruckte, dass sie Lazarus zum Bischof der Stadt erwählten und den heiligen Maximinus als Bischof von Aix einsetzten. Im Jahr 416 wurde die Kirche von Saint-Victor in Marseille unter der Ägide des heiligen Johannes Cassianus (um 360–430) errichtet, der daraufhin einen eigenen Orden gründete. Er hatte zehn Jahre in Ägypten gelebt und brachte ein tiefes Verständnis für die Spiritualität der Wüstenväter in das westliche Christentum ein. Er verfasste *De institutis coenobiorum,* einen Bericht über die Lebensweise der Mönche in Ägypten, sowie *Conlationes patrum*, Unterredungen mit einigen ehrwürdigen ägyptischen Äbten. Diese stellten für viele Mönche im Westen wichtige spirituelle Leitfäden dar. Sowohl die Mönche von Saint-Victor als auch die Kirchengemeinde Saint-Lazare in Marseille beanspruchten für sich, Reliquien von Maria Magdalena zu besitzen: Die Mönche meinten,

Maria Magdalena hätte während ihrer Evangelisierungstätigkeit in ihrer Grotte gelebt und Buße getan. Die Gemeinde von Saint-Lazare prahlte sogar, sie besäße den heidnischen Altar, an dem die Heilige bei ihrer Ankunft den Menschen in der Provence gepredigt hätte. Heute gedenkt die Abtei von Saint-Victor ihrer in Form von bootsförmigem Gebäck, den Navettes, die das Boot ohne Ruder symbolisieren, das sie und ihre Gefolgsleute in die Provence gebracht haben soll.

▼ Die Abtei Saint-Victor in Marseille, die von Johannes Cassianus, dem Verfasser zweier wichtiger geistlicher Werke über das Mönchsleben, gegründet wurde.

Bereits im Mittelalter gab es über ganz Frankreich verteilt einige Maria Magdalena-Heiligtümer. Ihr Grab in der Abtei Saint-Maximin in der Nähe von Sainte-Baume wurde von treuen Mönchen gehütet, die einen Weg und einige Stufen errichteten, um den Pilgern den Aufstieg zu erleichtern.

In der Kirche von Saint-Maximin werden Leib und Reliquien der Heiligen schon lange verehrt. Einer Überlieferung zufolge wurden ihre sterblichen Überreste während der Sarazenen-Einfälle im 8. Jahrhundert in Sicherheit gebracht: Sie sollen in den benachbarten Sarkophag des heiligen Sidonius gelegt worden sein, die Öffnung der Krypta sei mit Erde und Steinen bedeckt worden. Weiter nördlich beharrten die Benediktiner von Vézelay darauf, dass auch sie die echten Reliquien von Maria Magdalena besäßen – was einem Mann der Kirche zufolge in einem »skandalösen Theater« endete.

Maria Magdalenas Reliquien und Vézelay

▶ Nächste Doppelseite: Die Stadt Vézelay mit der prächtigen Basilika, die zu Ehren Maria Magdalenas errichtet wurde. Der Vorgängerbau war eine bescheidene Klosterkirche, die der Jungfrau Maria geweiht war.

Die prachtvolle Basilika von Vézelay, eines der schönsten romanischen Bauwerke Frankreichs, ist Maria Magdalena geweiht. Die bescheidene Klosterkirche von Vézelay wurde im Jahr 860 von Girart de Roussillon und seiner Frau Berthe zu Ehren der Jungfrau Maria errichtet und 863 dem Heiligen Stuhl vermacht. Diese Kirche hatte seit jeher eine enge Verbindung zu Rom, was ihr steuerliche und rechtliche Privilegien gegenüber den ansässigen Landbesitzern, Bischöfen und Adeligen einbrachte.

▼ Diese Seite aus einem Stundenbuch zeigt die Hochzeit des Grafen von Paris, Girart de Roussillon, mit seiner Frau Berthe.

Zunächst war die Kirche nicht mit Maria Magdalena verbunden. Ihre Schutzheiligen waren die Jungfrau Maria, Petrus und Paulus sowie die heiligen Märtyrer Andeolus und Pontianus, deren Reliquien 863 nach Vézelay überführt wurden.

Als die Sarazenen in Südfrankreich einfielen, wurde möglicherweise ein Mönch von Vézelay nach Saint-Maximin gesandt, um die Reliquien von Maria Magdalena in Sicherheit zu bringen. Das widerspricht allerdings der Geschichte, dass man die Reliquien in den Sarkophag des heiligen Sidonius gelegt hätte. Es gab überhaupt keine historischen Belege, die die Behauptungen von Vézelay stützten. Papst Leo IX. allerdings erließ 1050 eine Bulle, die Maria Magdalena zu einer der wichtigsten Schutzpatrone der Abtei ernannte.

Im Frühling 1058 wurde ihre Bedeutung noch größer, als Papst Stephan IX. nicht nur verlautbarte, dass die große Basilika in Vézelay im Besitz der offiziellen Reliquien von Maria Magdalena sei, sondern

▶ Das Innere der Basilika von Vézelay, die zu den schönsten Bauwerken romanischer Architektur in Frankreich zählt.

die Heilige als die einzige Patronin der Abtei bezeichnete. Bis ins 9. Jahrhundert waren neben ihr die Jungfrau Maria und andere Heilige genannt worden, doch fortan wurde hier Maria Magdalena allein verehrt. Zur Enttäuschung vieler Pilger wurden ihre Reliquien niemals zur Schau gestellt, sondern sorgfältig unter einem Altar aufbewahrt, sodass sie bestenfalls darauf hoffen konnten, den Stein zu berühren, anstatt das Reliquiar selbst zu Gesicht zu bekommen. Dennoch strömten Millionen nach Vézelay, um Maria Magdalena zu verehren. Die Schatzkammern füllten sich und 1104 war die einst schlichte Kirche eine prächtige romanische Basilika. Auch Adelige und Könige kamen an Gedenktagen nach Vézelay, um der Heiligen Maria Magdalena Ehre zu erweisen. 1147 wurde der Kirche eine weitere große Ehre zuteil, als Bernhard von Clairvaux in ihr zum zweiten Kreuzzug aufrief.

Über die Jahre kam es zu heftigen Streitigkeiten zwischen den Obrigkeiten von Vézelay und den Mönchen von Saint-Maximin, die weiterhin darauf bestanden, die echten Reliquien von Maria Magdalena zu besitzen. Im Jahr 1265 eskalierte der Konflikt derartig, dass Rom einen Legaten zur Klärung der Sachlage nach Vézelay sandte. Doch dieser wurde von den Mönchen von Vézelay ausgebootet. Noch vor seinem angekündigten Besuch eilten zwei andere Abgesandte des Heiligen Stuhls, der Bischof von Auxerre und jener aus der syrischen Stadt Banyas (Caesarea), auf die Bitte des Abts nach Vézelay. In der Nacht vom 4. auf den 5. Oktober, zur Frühmette, wurde Magdalenas Leichnam, der vor vielen Jahren unter den Altar gelegt worden war, »wiederentdeckt«.

Ein offizieller Bericht belegt, dass die anwesenden Zeugen tatsächlich die bronzene Truhe mit Reliquien und einer Fülle von weiblichem Haar gesehen hatten. Vor allem dieses letzte Detail hatte sie von der Echtheit überzeugt. Zudem hatten die Zeugen darin auch eine Urkunde König Karls des Kahlen aus dem 9. Jahrhundert gefunden, die sich jedoch später als gefälscht herausstellte. Die Mönche von Vézelay hatte es viel Mühe gekostet, den Ruf von Vézelay als Aufbewahrungsort der wahren Reliquien der Heiligen zu wahren.

▼ Auf Bitten des Papstes predigte Bernhard von Clairvaux 1147 in Vézelay um Unterstützung für den zweiten Kreuzzug.

▶ Das goldene Reliquiar in Vézelay soll Maria Magdalenas Fuß enthalten.

▼ König Ludwig VII. und Karl II. Ludwig unterstützten die Behauptung, dass sich die Reliquien der Heiligen in Vézelay befänden, doch Karl ließ sich überzeugen, dass diese in Saint-Maximin lägen.

Karl II. von Anjou

König Ludwig VII. und sein Neffe Karl II. von Anjou kamen am 24. April 1267, als die Reliquien der heiligen Maria Magdalena exhumiert wurden, nach Vézelay, um Klarheit zu erlangen. Statt eines vollständigen Skeletts fanden sie jedoch nur einige Gebeine. Trotzdem war der König immer noch von den Ansprüchen Vézelays überzeugt. Karl II. dagegen begeisterte sich für die Idee, dass die Überreste von Maria Magdalena in der Provence lägen. Er war ein inbrünstiger Verehrer der Heiligen und wurde der wichtigste Fürsprecher einer neuen, viel ernsthafteren Suche nach ihren Überresten in Saint-Maximin. Auf sein Geheiß wurde im Dezember 1279 der Marmorsarkophag in der Krypta der Kirche von Saint-Maximin ausgehoben. Der Überlieferung zufolge ließ ein süßer Duft sofort die Stelle erkennen, an der man graben musste. Daraufhin wurde verlautbart, dass ein Frauenskelett, dem jedoch ein Bein fehlte, in der Krypta der Klosterkirche von Saint-Maximin gefunden worden war – der Leib der heiligen Maria Magdalena. Es heißt, aus ihrem Schädel wäre an der Stelle der Zunge eine Fenchel- oder Palmenpflanze gewachsen, im Gedenken an ihre Predigten.

Karl II. erreichte 1295 die offizielle Anerkennung der Entdeckung von Saint-Maximin durch den Papst, die bis heute besteht. Vézelay verlor damit seine Vorrangstellung, doch blieb es ein wichtiges Maria Magdalena-Heiligtum.

Noch heute steht das wertvolle Reliquiar, eine Büste aus vergoldeter Bronze, die Maria Magdalenas Schädel enthalten soll, in Saint-Maximin bei den Feiern an ihrem Gedenktag, dem 22. Juli, im Mittelpunkt.

Maria Magdalena, Sainte-Baume und Meister Jakob: Eine Gildenverbindung bis in die Moderne

▼ Die Handwerksgesellen, die an den prachtvollen gotischen Kathedralen arbeiteten, waren im mittelalterlichen Gildensystem organisiert.

Eine der ungewöhnlichsten Geschichten um Magdalena, ihre Reliquien und Sainte-Baume ist mit den französischen Gilden der *compagnons du devoir* und den Legenden um Meister Jakob verbunden. Dieser galt als einer der wichtigsten Baumeister Salomos und als einer der Gründerväter des französischen Gildensystems.

Der französische Begriff *compagnonnage* lässt sich als »Gesellenbruderschaft« übersetzen und bezieht sich sowohl auf das Gildensystem in seiner Gesamtheit als auch auf die einzelnen Gesellenverbände, etwa jenem von Meister Jakob. *Devoir* bedeutet »Pflicht« und bezieht sich auf die Bruderschaft und ihre einzigartigen Riten, Regeln und Traditionen. Die Gesellen galten als »Kinder« der Gründungsväter dieser Tradition, König Salomo, Meister Jakob oder Meister Soubise.

▲ Französische Gesellen unter dem wachsamen Auge des örtlichen Herrschers.

Gemäß der Überlieferung stand König Salomo ein besonders begabter Baumeister namens Hiram zur Seite, ein berühmter Meister der Metallverarbeitung. Hiram leitete die gesamten Arbeiten am salomonischen Tempel und verlangte von den Arbeitern aus verschiedenen Ländern strenge Disziplin. Um die Qualität ihrer Arbeit richtig einschätzen und sie dementsprechend entlohnen zu können, doch auch um die Müßiggänger zu entlarven, soll er es für nötig befunden haben, einen Orden der fachkundigsten Gesellen des Tempels zu gründen, eine hierarchische Organisation, die nur jenen offen stand, die den strengen Aufnahmebedingungen entsprachen.

Im mittelalterlichen Frankreich war die »Tour de France« eine Reise zu Fuß, die Walz, auf die sich begabte Gesellen begaben, um in den Werkstätten verschiedener Meister ihre Fertigkeiten zu vervollkommnen und durch dieses Leben voller Hingabe an ihreTätigkeit ihre Vorgänger zu ehren. Ein von den Gesellen gerne aufgesuchter Ort war Sainte-Baume. Hier gedachten sie der Ermordung Meister Jakobs, die 900 Jahre vor Magdalenas Ankunft am selben Ort stattgefunden haben soll. Es heißt, die sterblichen Überreste Meister Jakobs befänden sich am gleichen Ort wie die Höhle der Magdalena, am Gipfel des Saint-Pilon. So kam es, dass verschiedene Legenden um Meister Jakob, Sainte-Baume und Maria Magdalena miteinander verflochten wurden.

Das Buch des Gilden-Spezialisten François Icher »La France des Artisans et des métiers« (zu Deutsch etwa »Das Frankreich der Kunsthandwerker und Gilden«) liefert uns Einzelheiten über die Ermordung Meister Jakobs.

Nach der Fertigstellung des Tempels verließ Jakob Judäa gemeinsam mit einem anderen Meister, Soubise, mit dem sich auf der Schiffsreise nach Westen ein Streit entfachte. Soubise ging in Bordeaux und Jakob in Marseille an Land (tatsächlich existierte damals noch keine dieser Städte). Beide waren in Begleitung einiger Schüler, die sie in Jerusalem ausgebildet hatten. Meister Jakob reiste drei Jahre durch das Land, wobei er vor Soubises Schülern, die ihn töten wollten, oft Schutz suchen musste. Schließlich zog er sich in die Provence zurück und siedelte sich in den Hügeln von Sainte-Baume an. Hier war es auch, dass er vom Dolch eines seiner neidischen Anhänger auf hinterhältige Weise fünf Mal durchbohrt wurde. Vor seinem Tod bat er seine Gesellen, einen Treueeid auf Gott und die heilige Pflicht abzulegen […] Jakobs Leichnam wurde von seinen Gesellen feierlich an einen Ort in der Nähe von Saint-Maximin gebracht, wo er gemäß der übliche Riten bestattet wurde.

▼ Eine Darstellung der Jungfrau mit dem Kind und verschiedenen Heiligen aus dem 14. Jahrhundert. Maria Magdalena ist im Bild rechts oben beim Gebet in Sainte-Baume zu sehen.

◀ Die Kapelle, die in der Höhle bei Sainte-Baume errichtet wurde, wo Maria Magdalena als Einsiedlerin gelebt haben soll.

Warum aber sollte eine mittelalterliche Bruderschaft kunstfertiger Handwerker Maria Magdalena und diesen Ort solchermaßen verehren? Der Legende nach gefiel dem *Sanhedrin* (Hohen Rat) die Verbreitung der Lehren Christi nicht, weshalb er beschloss, Sanktionen gegen die neuen Glaubensführer einzuleiten. Natürlich wären Jesu Anverwandte und Freunde, etwa Lazarus, Maria Magdalena, Maximinus, Martha, Maria Salome und Maria Jacobae die ersten »Ziele« gewesen. Diese kleine Gruppe soll zum Hafen von Jaffa gebracht und in ein Boot ohne Ruder verfrachtet worden sein, woraufhin sie bis nach Südfrankreich gekommen sei, wo sie an Land ging. Die Legende besagt, dass sie dort getrennte Wege gingen. Nur Maria Salome und Maria Jacobae blieben am Ort ihrer Ankunft, der als Saintes-Maries-de-la-Mer bekannt wurde. Drei weitere gingen nach Tarascon, Marseille und Aix, während Maria Magdalena ihr Leben in einsamer Kontemplation verbringen wollte und 33 Jahre in einer Grotte bei Sainte-Baume zubrachte.

Maria Magdalena wurde von den Gesellen Meister Jakobs zur Schutzpatronin auserkoren, wohl deshalb, weil ihr Rückzug an den Ort, wo der Gründungsvater und Meister ihrer Gilde begraben lag, sie zu einer idealen Symbolfigur machte. Ein weiterer triftiger Grund mag in den Worten Christi liegen, als er Maria Magdalena in Gestalt eines Gärtners erschien. François Icher erläutert:

Als sie seine Existenz mittels Berührung prüfen wollte, hörte Magdalena ihn sagen: »Noli me tangere (Berühre mich nicht)«. Diese drei Worte erinnern an die berühmte LDP (liberté de passer, zu Deutsch »Passierfreiheit«) – das Recht der Handwerksgesellen, frei von einer Werkstätte zur nächsten zu wandern. Wenn jemand versuchte, ihren Weg aufzuhalten, konnten sie tatsächlich »Noli me tangere« ausrufen, da sie als beim Bau einer Burg oder Kathedrale beteiligte Arbeiter als unberührbar galten und unter dem Schutz von Kirche und Adel standen. Sakrale Zusammenschlüsse bewahrten die Gesellen vor weltlichen Übergriffen

▲ Jesus erscheint Maria Magdalena in Gestalt eines Gärtners. Diese Begegnung stellt die Basis dafür dar, dass die Heilige zur Schutzpatronin der Gesellenbruderschaft von Meister Jakob wurde.

Der Satz »Noli me tangere« wurde bei den Gesellen im mittelalterlichen Frankreich zu einem geheimen Schutzwort.

Icher erzählt auch, dass – in der Tradition der heiligen Gottespflicht – Maria Magdalena durch ihre Entscheidung, sich aus der Welt nach Sainte-Baume zurückzuziehen, Sinnbild des Wunsches wurde, sich selbst über das Physische hinaus ins Spirituelle zu erheben. Es ist interessant, dass eine männliche Freimaurerbruderschaft eine weibliche Heilige auf diese Weise und an dieser zentralen Stelle in ihrer Philosophie einsetzt. Viele Gilden betonten die Wichtigkeit, ihr Wesen auf ein spirituelles Niveau zu heben. Maria Magdalena hatte durch ihren Rückzug in ein spirituelles Leben symbolische Bedeutung erlangt. Für die Gesellen verkörperte sie die höchste Wahrheit der sichtbaren und stofflichen Dinge, die den Zugang zum Unsichtbaren fördern.

Noch heute ist die Pilgerreise nach Sainte-Baume Teil der »Tour de France«, jener Wanderroute der verbliebenen Gesellenbruderschaft, und zwar nicht nur als Hommage an Gott und Meister Jakob, sondern auch an Maria Magdalena. Alle Gesellen, die nachweisen können, dass sie die Pilgerschaft zur Grotte Maria Magdalenas gemacht haben, erhalten ein spezielles Gildenzeichen auf ihre Festschleife. Nachdem sie das Ende des Waldweges erreicht haben, müssen die pilgernden Gesellen eine steile Treppe hinaufsteigen, die zu einer Promenade führt, auf der drei Bronzekreuze an die Botschaft der christlichen Pilgerschaft erinnern. Im Herzen der Grotte kann der Besucher die wundervollen Glasfenster von Pierre Petit bewundern – eines begabten Glasergesellen, der als »Tourangeau, le disciple de la lumière« (Jünger des Lichts aus Touraine) bekannt ist. Ein Verweilen vor dem Sarkophag, der die Reliquien von Maria Magdalena enthalten soll, beendet die Reise des modernen Gesellen, der auch als Kind von Meister Jakob bezeichnet wird, nach Sainte-Baume.

▼ Die Kreuzigungsszene in der Grotte von Sainte-Baume. Maria Magdalena wird am Fuße des Kreuzes gezeigt.

5 Die östliche Tradition

ÖSTLICHE ÜBERLIEFERUNGEN ZU MARIA MAGDALENAS LEBEN NACH JESU AUFERSTEHUNG WEICHEN STARK VON DEN WESTLICHEN AB. DER ÖSTLICHEN TRADITION ZUFOLGE VERBRACHTE DIE HEILIGE IHREN LEBENSABEND IN EPHESOS.

Einleitung

Der mittelalterlichen Legende von Maria Magdalenas Ankunft in der Provence ging eine andere Überlieferung voraus. Dieser zufolge kam sie aus dem Heiligen Land nach Ephesos (in der heutigen Türkei), wo sie den Rest ihres Lebens verbrachte und auch begraben wurde. Wissenschaftler sind der Meinung, dass diese Legende auf das mittlere oder späte 5. Jahrhundert zurückgeht.

Zwei wichtige frühe Zeugen aus Westeuropa belegen diese These: der heilige Gregor von Tours (ca. 538–594) und Willibald, Bischof von Eichstätt (ca. 700–786). Beide waren zu ihrer Zeit bedeutende Persönlichkeiten. Gregor, Bischof der Stadt Tours, schrieb die erste Geschichte der Franken (*Historia Francorum*), die Einzelheiten über die Merowinger, das älteste bekannte

▶ Die Selige Anna Katharina Emmerick, eine Nonne des Augustinerordens, die von der exakten Lage des Hauses der Jungfrau Maria in Ephesos träumte.

▼ Die Celsus-Bibliothek in Ephesos in der heutigen Türkei. Es gibt eine Überlieferung, die besagt, dass Ephesos die letzte Heimat und Ruhestätte von Maria Magdalena ist.

französische Königsgeschlecht, enthält. Da Gregor sein Werk zur Zeit der Merowinger verfasste, gibt sein Bericht Aufschluss über den damals gängigen Glauben. Gregor gilt als sorgfältiger und verlässlicher Geschichtsschreiber; daher sind seine Aussagen über Maria Magdalena eine wichtige Quelle.

Gregor schrieb, dass Maria Magdalena in Ephesos begraben wurde. Das damalige Ephesos war ein florierendes Handelszentrum, eine Schnittstelle der wichtigsten Land- und Seewege und verfügte über zwei große Marktplätze, Bäder, die berühmte Celsus-Bibliothek, viele Tempel, ein Stadion und ein Theater aus dem 2. Jahrhundert, in dem Gladiatoren- und Tierkämpfe stattfanden. Ephesos war schon lange die Heimat alter Göttinnenkulte; Kybele, Artemis und Diana wurden hier verehrt. Der Apostel Johannes soll hier seine späten Jahre verbracht und die Gnostiker und der heilige Paulus ihre zahlreichen Konflikte ausgetragen haben. Auch die Jungfrau Maria soll in Ephesos gelebt haben. Heute kann man ein Haus besichtigen, das über einer Ruine aus dem 1. Jahrhundert errichtet wurde; diese Ruine wurde im 19. Jahrhundert nach den Visionen der deutschen Mystikerin Anna Katharina Emmerick (1774–1824) ausgegraben. Es heißt, Maria hätte hier mit Johannes, in dessen Obhut sie Christus gegeben hatte, gewohnt. 431 wurde die Mutter Gottes auf dem Konzil von Ephesos erstmals offiziell zur Theotokos (Gottesgebärerin) ernannt.

Maria Magdalenas Grab

In Ephesos fanden zwei wichtige Konzile statt, in den Jahren 431 und 449. Es war ein mächtiger Ort, wo Legenden und Tradition seit Jahrhunderten ineinanderflossen. Laut Gregors Bericht wurde Maria Magdalenas Grab gleich nach ihrer Bestattung zu einer der Hauptpilgerstätten.

Interessanterweise macht Gregor bezüglich einer provenzalischen Grablegungslegende von Maria Magdalena keine Angaben. In seiner Schrift *De gloria martyrum* erklärt er: »In dieser Stadt ruht Maria Magdalena, mit nichts, das sie bedeckt.« Dieser Satz hat viel Verwirrung gestiftet. Möglicherweise ist er eine Beschreibung ihres Grabes in Ephesos. Vielleicht handelte es sich um eine offene Kapelle oder ein Oratorium. Es war zu jener Zeit durchaus üblich, Menschen in offenen Gräbern zu bestatten. So siedelt das erste schriftliche Zeugnis Maria Magdalenas Grabstätte in Ephesos und nicht in Frankreich an.

Die andere bedeutsame Quelle hinsichtlich der Grablegung von Maria Magdalena in Ephesos geht auf den Bischof Willibald von Eichstätt zurück. Dieser nahm auf die Ephesos-Tradition Bezug – und zwar lange bevor irgendwelche mittelalterlichen französischen Legenden auf ein Grab in der Provence verwiesen.

Als Bischof von Eichstätt und möglicher Verwandter des heiligen Bonifatius war der Angelsachse Willibald eine Schlüsselfigur bei der Konsolidierung der Kirche im Frankenreich. Er amtierte unter Karl Martell (ca. 688–741), dem selbsternannten Herzog von Franken, und lebte genau zu jener Zeit, in der laut

▼ Der Heilige Gregor von Tours, dessen Schriften darauf hindeuten, dass Maria Magdalena nicht in der Provence, sondern in Ephesos begraben wurde.

Darstellung des Sigebert von Gembloux (ca. 1030–1112) Maria Magdalenas Leichnam von Südfrankreich nach Vézelay gebracht wurde.

Willibald schrieb im Jahr 721, dass er als Pilger ins Heilige Land gereist war und danach der Grabstätte von Maria Magdalena in Ephesos einen Besuch abgestattet hatte. Dies sei nicht nur ein symbolischer Besuch gewesen, sondern er habe viel Zeit an Maria Magdalenas Grab verbracht und auch das geheimnisvolle Grab des Apostels Johannes in der eigens dafür errichteten Kirche besucht. Auch habe er das Grab der Sieben Schläfer aufgesucht, das mit der Ruhestätte von Maria Magdalena eng verbunden war.

Willibald spürte die Bedeutsamkeit dieser drei Stätten. Genau wie Gregor glaubte dieser Kirchenmann, dass Maria Magdalena in Ephesos begraben lag, und nahm keinerlei Bezug auf die Legenden, die in Frankreich später so beliebt wurden.

▼ Das Grab von Johannes dem Täufer in Ephesos. Er starb als letzter der zwölf Apostel, obwohl er meist als Jüngling dargestellt wird. Als einziger von ihnen starb er eines natürlichen Todes.

Die Legende der sieben Schläfer

Die Siebenschläferlegende erzählt davon, wie sieben junge Männer aus Ephesos versuchten, der Christenverfolgung unter Kaiser Decius zwischen 249 und 251 zu entrinnen. Eine spätere Version dieser Sage, wie sie Jacobus de Voragine niederschrieb, nennt die sieben einzeln beim Namen: Maximian, Malchus, Marcian, Dionysius, Johannes, Serapion und Konstantin. Aus Angst um ihr Leben fliehen sie in eine Höhle bei Ephesos und schlafen ein, um durch die Hilfe Gottes erst zweihundert Jahre später, im 5. Jahrhundert, unter der Herrschaft des christlichen oströmischen Kaisers Theodosius II. (401–450) wieder zu erwachen. Die sieben sorgen sich um ihr Schicksal: Würde man sie suchen und töten, da sie nicht die Götzen von Decius in den heidnischen Tempeln anbeten wollen? Um seine Kameraden zu beruhigen, willigt Malchus ein, nach Ephesos zu gehen, um etwas Brot zu kaufen und Neuigkeiten zu erfahren.

Malchus ist äußerst verwundert, als er in die Stadt kommt und über dem ersten Stadttor das christliche Kreuz sieht. Er glaubt zu träumen. Als er dem Bäcker die Münzen gibt, um das Brot zu bezahlen, blickt dieser die alten Münzen an und fragt ihn, ob er einen Schatz gefunden habe, da er solche Münzen schon sehr lange nicht mehr gesehen habe. Malchus hört die Menschen im Laden über Jesus sprechen und wird immer verwirrter. Er fragt sich, was hier vorgehe und denkt: »Gestern noch wagte niemand den Namen Christi auszusprechen und heute bekennen sich alle zu ihm! Ich glaube nicht, dass ich überhaupt in Ephesos bin, da die Stadt so anders aussieht«.

Er fragt einen Mann nach dem Namen der Stadt und erfährt erstaunt, dass er sich tatsächlich in Ephesos befinde. Der Bäcker möchte wissen, wo er die Münzen gefunden habe, doch Malchus

▲ Eine römische Münze aus der Regierungszeit von Kaiser Decius, dem Verfolger der sieben Schläfer.

▲ Eine kretische Ikone aus dem 16. Jahrhundert, die die sieben Schläfer in ihrer Höhle zeigt.

besteht darauf, dass dies sein eigenes Geld sei. Der Mann glaubt ihm nicht und Malchus wird vor den Statthalter gebracht, der ihn zu seinem Schatz befragt. Wieder beharrt Malchus darauf, dass es sein Geld sei und darauf, dass seine Eltern in der Stadt leben. Als er ihre Namen nennt, kennt sie niemand, und er wird der Lüge bezichtigt. Als er nach Decius fragt, denken alle, er sei verrückt. Nachdem er erklärt hat, was ihm und seinen sechs Freunden widerfahren ist, folgen ihm der Statthalter und die Volksmenge zur Höhle, wo sie auf die anderen sechs Männer treffen. Da erkennen

▶ Kaiser Theodosius wendet sich an einen der zwei großen Kirchenräte, die sich in Ephesos versammeln.

▲ Kaiser Leo VI., der Maria Magdalenas sterbliche Überreste von Ephesos nach Konstantinopel bringen und diese ins Grab von Lazarus legen ließ.

sie, dass Malchus die Wahrheit gesagt hat und ein Wunder geschehen ist. Die sieben Männer werden von allen, einschließlich Kaiser Theodosius, der als er die Neuigkeit vernommen hatte, in die Stadt eilte, gesegnet.

Theodosius' Traum

In jener Nacht hatte Theodosius einen Traum, in dem ihm die sieben Männer sagten, dass, nachdem Gott sie aus ihrem Schlaf erweckt hätte, sie wieder schlafen würden, bis Gott sie noch einmal am Ende der Zeit wieder aufwachen ließe. Und so heißt es, die sieben Schläfer von Ephesos würden noch immer in ihrer Höhle schlafen und Gottes letzten Ruf erwarten. Ihre Höhle befindet sich am Berg Pilon, nahe Maria Magdalenas letzter Ruhestätte.

Offenbar blieb der Leib von Maria Magdalena nicht ewig in Ephesos, wie dies Louis Duchesne in seinem Werk *Origines du Culte Chrétien* (zu Deutsch etwa »Ursprünge des christlichen Kultes«)

▲ Der russisch-orthodoxe Abt Daniel, der heute vor allem für seine Pilgerfahrt nach Ephesos im 12. Jahrhundert bekannt ist.

anführt. Im Jahr 899 beschloss Kaiser Leo VI. der Weise, Maria Magdalenas sterbliche Überreste nach Konstantinopel zu überführen. Dort ließ er sie neben Lazarus in einem prachtvollen Kloster am Bosporus, in der Nähe des Kaiserpalastes, begraben. Diese Doppelüberführung der Überreste von Maria und Lazarus fand in byzantinischen heiligen Schriften in Bezug auf den 4. Mai Erwähnung, und wird in zahlreichen orthodoxen Traditionen an diesem Tag zusätzlich zu ihrem Gedenktag am 22. Juli gefeiert.

Laut *Menologion* der orthodoxen Kirche, das die Überführung von Magdalena von Ephesos unter Kaiser Leo VI. erwähnt, hatte sich ihr Leichnam zuvor in der Höhle der sieben Schläfer befunden. Obwohl ihr Leib im Jahr 899 nach Konstantinopel gebracht worden sein soll, strömten noch bis ins 12. Jahrhundert Pilger zu ihrer Grabstätte nach Ephesos.

Der russisch-orthodoxe Abt Daniel reiste im frühen 12. Jahrhundert nach Ephesos und beschrieb in seinem berühmten Reisebericht seine Pilgerschaft durch die Länder des Ostens. Diese begann am Grab des heiligen Johannes und führte ihn weiter zur Höhle der sieben Schläfer, die ihm zufolge die Reliquien von 300 heiligen Patriarchen, darunter auch die des heiligen Alexander beherbergte, sowie die letzte Ruhestätte Maria Magdalenas war.

Dem Abt wurde Maria Magdalenas Haupt bzw. ein Kopfreliquiar gezeigt, eine Reliquie, der es offenbar – wie einige Gelehrte ironisch anmerkten – gelungen war, sich auf wundersame Weise wieder von Konstantinopel nach Ephesos zu überführen. Es ist allerdings auch möglich, dass man Daniel – obwohl das Grab zu dieser Zeit schon leer gewesensein musste – ein Schädelreliquiar zeigte, das dieser für echt, also von Maria Magdalena stammend, hielt.

Die Höhle der sieben Schläfer

Archäologen fanden heraus, dass sich am Ort der Höhle der sieben Schläfer im 4. Jahrhundert ein Friedhof befunden hatte, einschließlich eines monumentalen, zweistöckigen Grabmals mit zehn unterirdischen Kammern. Bald danach – die Datierung fällt hier schwer – wurde über diesen Kammern eine Kirche gebaut, mit einem kuppelförmigen Heiligtum, einem erhöhten viereckigen Altarraum mit Apsis und einem Altar sowie eine Bestattungshalle mit Tonnengewölbe. Überall fanden sich christliche Symbole. Später kamen noch etwa 700 Gräber zu dem Komplex, der in der frühbyzantinischen Ära eine bedeutende Pilgerstätte war, hinzu.

Auch der Gedenktag von Maria Magdalena am 22. Juli hatte seinen Ursprung in Ephesos und wurde erstmals in den griechischen und byzantinischen Kalendern erwähnt. Später wurde er auch im Westen anerkannt – in den aus dem 8. Jahrhundert stammenden Schriften von Beda Venerabilis, der in einem Kloster an der Grenze zwischen Schottland und Nordengland lebte.

▼ Beda Venerabilis (»der Ehrwürdige«), Vater der englischen Geschichtsschreibung, der sowohl in römischen als auch östlichen Riten verehrt wird.

Das byzantinisch-orthodoxe Bild von Maria Magdalena

Die einflussreiche byzantinische Ostkirche, wie auch ihre Tradition und Geschichte, geben heute noch Vielen Rätsel auf. Die orthodoxe Kirche beruft sich genauso wie die römisch-katholische Kirche auf die apostolische Nachfolge. Dies bedeutet, dass jede Kirche immer entweder einen Papst (Rom) oder Patriarchen (Konstantinopel) hatte. Im Jahr 1054 kam es zum grossen Morgenländischen Schisma, das zu zwei getrennten Traditionen führte. Das byzantinische Reich gehörte zu den größten und am längsten bestehenden Mächten der Weltgeschichte. Neun Jahrhunderte lang erstreckte es sich über drei Kontinente. Seine Entstehung ist eine Folge der Umgestaltung des Römischen Reiches im 6. Jahrhundert, als Konstantinopel das neue Rom, und die berühmte Hagia Sophia zu einem der bekanntesten Sakralbauten wurde.

Konstantinopel war für Ost und West auch eine wichtige Pilgerstätte, da sich hier mindestens acht der bedeutendsten christlichen Reliquien befanden. Außerdem war es eine wichtige Station auf der östlichen Pilgerroute zum Grab Jesu in Jerusalem. An der Wegkreuzung zwischen Ost und West gelegen, kam ihm immer größere Macht zu. Die byzantinischen Lehren sowie die klassische byzantinische Malerei wurden hochberühmt und waren für die italienische Renaissance von großer Bedeutung.

Doch die byzantinische Ostkirche ist nur eine der zahlreichen orthodoxen Kirchen des Ostens. Es gibt zwei große Unterteilungen: die byzantinische Ostkirche, zu der unter anderem die serbisch- und bulgarisch-orthodoxe Kirche gehören, sowie die altorientalischen Kirchen, die die koptische, armenische und syrische Tradition

◀ Eine Menschenmenge, die sich um das Heilige Grab in Jerusalem schart, eine wichtige Pilgerstätte für alle Christen unterschiedlicher Glaubensausrichtung.

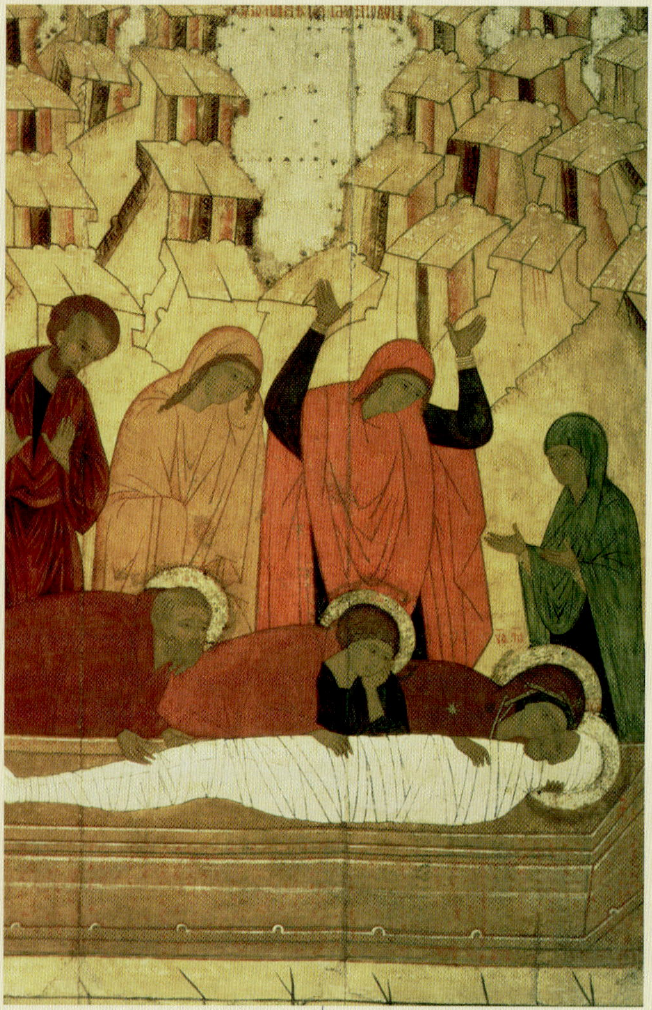

▲ Eine byzantinische Ikone der »Frauen am Grab«.

umfassen. Obwohl sich die verschiedenen Glaubensüberlieferungen in mancherlei Hinsicht unterscheiden, stimmen sie bezüglich Maria Magdalena und ihres Gedenktages am 22. Juli sowie ihrer Überführung am 4. Mai überein. In diesen Kirchen werden Maria Magdalena, Maria von Bethanien und die namenlose Sünderin aus dem Lukasevangelium als drei unterschiedliche Frauen angesehen. Da man Maria Magdalena niemals mit der namenlosen Sünderin assoziierte, wurde sie auch nie, wie im Westen, als Prostituierte oder Frau mit zweifelhafter Moral angesehen. In der orthodoxen Tradition wird sie auch als heilige Myrrhenträgerin verehrt, die heilende Balsame und Salben bringt (siehe Kapitel 8).

Die orthodoxe Kirche hat für Maria Magdalena zudem einen einzigartigen Titel: die Apostelgleiche. Obwohl diese Bezeichnung nicht genau auf den gleichen Status wie das biblische Wort für »Apostel« hinweist, ist sie dennoch eine entscheidende Anerkennung von Maria Magdalenas einmaliger Bedeutung im Urchristentum.

Die erste vollständige Beschreibung von Maria Magdalenas Leben und Tod in Ephesos stammt von Modestus, der zwischen Jahren 630 und 634 Patriarch von Jerusalem war:

»Nach dem Tod unseres Herrn begaben sich die Mutter Gottes und Maria Magdalena mit Johannes, dem geliebten Jünger,

▶ Das Gemälde von Ambrosius Benson aus dem 16. Jahrhundert zeigt eine verträumte Maria Magdalena, die den Deckel ihres Myrrhegefäßes hebt.

nach Ephesos. Dort beendete die Myrrhophore (Myrrhenträgerin) ihr Aposteldasein durch ein Martyrium und wollte bis zum Schluss nicht von Johannes und der Jungfrau getrennt sein.«

Die Bezeichnung *myrrhophore* an dieser Stelle bezieht sich direkt auf Maria Magdalena, die in der Bibel stets mit dem Heilmittel Myrrhe verbunden wird (siehe Kapitel 8).

Modestus glaubte ebenso, Maria Magdalena sei vollkommen rein und unberührt, habe ihr Leben in Unschuld verbracht und andere Frauen gelehrt, in heiliger Keuschheit zu leben. Es gibt keinen Hinweis darauf, dass sie jemals eine Prostituierte oder Ehebrecherin gewesen sei. Er glaubte auch, sie wäre das »Oberhaupt der weiblichen Jünger« geworden – wiederum eine Sichtweise, die sich sehr von jener des westlichen Christentums unterscheidet. Laut Modestus soll Maria Magdalena vor ihrem Martyrium wegen ihrer »grossen Unschuld und Reinheit« als »reiner Kristall« erschienen sein.

Byzanz war für seine kunstfertig gearbeiteten Heiligenikonen berühmt. Neben Jesus und Maria, der Mutter Gottes, stellten viele die verschiedenen östlichen Heiligen dar, manche auch Maria Magdalena.

Maria Magdalena und das rote Ei

Aus der byzantinischen Tradition stammt die heute so berühmte Osterikone, die Maria Magdalena mit einem roten Ei in der Hand zeigt. Dieses wundervolle Porträt geht auf eine alte Überlieferung zurück, die besagt, dass Maria Magdalena nach Christi Himmelfahrt nach Rom reiste, wo sie zu einem Bankett geladen wurde, bei dem Kaiser Tiberius anwesend war. Nachdem sie über Christi Wunder, seine Mission und den ungerechten Prozess des Pilatus berichtet hatte, erklärte Magdalena dem Kaiser, dass Jesus tatsächlich von den Toten auferstanden sei. Um dies zu illustrieren, nahm sie ein Ei von der Festtafel. Tiberius lachte und sprach, Jesus sei so wenig von den Toten auferstanden, wie dieses Ei sich rot färben könne. Daraufhin färbte sich das Ei rot und begründete die griechisch-orthodoxe Tradition der roten Ostereier. Am Ende der Ostermesse tauscht man diese untereinander aus und spricht: »Christus ist auferstanden!« Daher stammt der weithin übliche Brauch, Ostereier rot zu färben.

▶ Eine Schale mit dekorativen, rot gefärbten Ostereiern aus Weißrussland im Gedenken an die Maria Magdalena-Legende.

◄ Eine dalmatische Ikone zeigt Maria Magdalena, die den Kopf des gekreuzigten Christus in den Händen hält.

6 Pilgerschaft und geistliche Spiele

PILGERFAHRTEN SPIELTEN IM MITTELALTERLICHEN LEBEN EINE BEDEUTENDE ROLLE. MENSCHEN ALLER STÄNDE MACHTEN SICH AUF DIE REISE, UM HEILIGTÜMER ZU BESUCHEN.
DIE FACETTENREICHEN GEISTLICHEN SPIELE WAREN EIN WIRKUNGSVOLLES MITTEL, UM DEM VOLK DIE BOTSCHAFT DER BIBEL NÄHERZUBRINGEN.

Einleitung

Im Mittelalter waren Pilgerfahrten in allen Gesellschaftsschichten wichtiger Bestandteil des Lebens und wurden von der Kirche aktiv gefördert. Die Glaubensreisen führten Männer wie Frauen, über Monate hinweg, Tausende Kilometer in die Ferne.

Für die Pilger war das irdische Leben nur eine vorübergehende Reise. Sie verstanden sich selbst als »fromme Gäste«, die zwischenzeitlich auf Erden weilten, bevor sie Gott zu ihrem letzten Ruheort ins Jenseits rief. Auch Jesus wurde häufig als Pilger dargestellt, etwa in der berühmten Kirche von Santo Domingo de Silos auf dem Weg nach Santiago de Compostela. Im Mittelalter galt ein Pilger offiziell als *Peregrinus Christi* (oder *pauper*) – ein Fremder oder armer Mann Christi.

Für die Pilgerschaft gab es die unterschiedlichsten Motive. Manche bewegte eine wahre Frömmigkeit. Anderen, etwa Verbrechern, wurde die Pilgerschaft als Buße für ihre Sünden auferlegt.

Die zur Pilgerschaft Verurteilten mussten vor der Obrigkeit den Eid ablegen, sich reinzuwaschen; dann wurde ihnen ein Geleitbrief übergeben. Dieser enthielt die Einzelheiten ihres Verbrechens und musste an allen Orten, die die Büßer

◄ Jesus selbst als Pilger in Begleitung des Heiligen Jakobus.

an der Pilgerroute aufsuchten, den kirchlichen Autoritäten gezeigt und von ihnen abgestempelt werden. An ihrem endgültigen Bestimmungsort mussten sie einen Bericht abgeben, bevor sie letztlich zum Heiligtum vorgelassen wurden, um zu opfern und um Vergebung für ihre Sünden zu bitten.

Außerdem mussten die Büßer während der Pilgerfahrt bestimmte Kleidungsstücke oder Gegenstände tragen, wodurch ihr Vergehen von Weitem erkennbar war: Häretiker trugen oft ein schwarzes Gewand, das vorne und hinten mit einem weißen Kreuz versehen war, während jene, die ein Kapitalverbrechen begangen hatten, oft Ketten um Hals, Arme oder Taille trugen. Doch auch sie waren Pilger und hatten an dieser Erfahrung teil.

▶ Santiago de Compostela im nordwestlichen Spanien, bis heute eines der wichtigsten Wallfahrtszentren.

Schreine in Kathedralen

Die Kirche ermutigte die Menschen, zu bestimmten Schreinen zu pilgern. Diese befanden sich üblicherweise in Kathedralen und enthielten die Überreste von Heiligen oder Märtyrern. Es hieß, man könne an diesen Schreinen durch Gebete Vergebung für seine Sünden erlangen und hätte somit bessere Chancen, in den Himmel zu gelangen. Andere wiederum pilgerten zu den Schreinen, um wundersame Heilung zu erbitten, und hofften, sie würden mit Gesundheit gesegnet. Ungeachtet von Stand und Herkunft ergriffen alle – Könige wie Bauern – den Pilgerstab.

▼ Das Reliquiar der heiligen Ursula, eine goldene Kassette, zeigt einige Szenen aus dem Leben der Heiligen.

Die hölzernen, silbernen oder vergoldeten Reliquiare, die die Reliquien enthielten, waren ebenfalls von großer Bedeutung, da man glaubte, sie würden die Kraft der Heiligenreliquien in sich bergen und verhindern, dass sie sich auflösten. Die, die bis heute erhalten sind, gehören zu den wertvollsten Objekten mittelalterlicher Handwerkskunst und werden in den Schatzkammern von Kathedralen ausgestellt. Die prachtvollen Kassetten oder Schatullen wurden zu wichtigen Anlässen, während religiöser Feierlichkeiten oder Prozessionen, durch die Stadt getragen oder in die Schlacht mitgeführt. Obwohl man wusste, dass die Heiligen oder Märtyrer nicht mehr im physischen Sinne lebten, glaubte man, dass diese Heiligtümer von der geistigen Energie dieser Personen durchdrungen waren. Aus Sicherheitsgründen gab es in vielen Kirchen und Kathedralen zumindest eine Person, die den Reliquienschrein offiziell hütete. Diese Schreinhüter wurden in den Pilgerstätten Canterbury, Westminster Abbey, Ely und Chartres *feretrar* genannt. Manche von ihnen hatten aufgrund des großen Andrangs sogar eigene Helfer.

◀ Vorherige Doppelseite: Die Pilger zogen häufig in kleinen Gruppen zur Stätte der Anbetung. Hier ziehen sie ins Heilige Land.

◄ Die *Pilger am Grab des Heiligen Sebastian* von Josse Lieferinxe (auch Meister des heiligen Sebastian genannt), zeigt Pilger, die an der Ruhestätte des heiligen Sebastian beten, eine beliebte Wallfahrtsstätte aller, die Schutz vor der Pest suchten.

▶ Eine atemberaubende Ansicht der bunten Glasfenster in der Kirche von Saint-Denis bei Paris.

▼ Abt Suger, dessen Begeisterung für Buntglas zur Verbreitung in den großen, westlichen Kirchen beitrug.

Bunte Glasfenster

Die Menschen pilgerten auch zu den Kathedralen, um die bunten Glasfenster zu bewundern. Der Einsatz von Buntglas in den Kirchen begann im 12. Jahrhundert, als Abt Suger in der Beschreibung seiner idealen Kirche sagte, er wolle die Abteikirche von Saint-Denis, in der Nähe von Paris, mit den »strahlendsten Fenstern« ausstatten. Blickt man durch die Glasfenster einer gotischen Kathedrale, so fühlt man sich durch das hohe Kirchenschiff und die bunten Lichtreflexe der Fenster in den Himmel »emporgezogen«.

Im Mittelpunkt der frühen Buntglasfenster und Wandfresken standen religiöse Figuren aus den biblischen Geschichten. Einige der überwältigendsten Beispiele mittelalterlicher Glaskunst bietet die Kathedrale von Chartres. Hier befinden sich über dem Königsportal drei Spitzbogenfenster aus der Zeit um 1150, die zu den ältesten und am besten erhaltenen Lanzettbogenfenstern gehören. Sie bilden sowohl inhaltlich als auch gestalterisch ein Triptychon, das verkündet, dass sich die Prophezeiungen erfüllt haben: Christus sei, wie vorhergesagt, aus dem Hause David gekommen, geopfert worden und von den Toten auferstanden. Die Wurzel Jesse als Motiv des Stammbaums Jesu wurde wahrscheinlich erstmals um 1144 in einem Buntglasfenster der königlichen Abtei von Saint-Denis thematisiert, in Chartres ist ihr ein eigenes Fenster gewidmet. Andere Motive der Glasfenster von Chartres sind: die Menschwerdung Christi, Passion und Auferstehung, die Erlösung, die blaue Madonna, Joseph, Noah, der Apostel Johannes, das Gleichnis vom verlorenen Sohn, der gute Samariter, Adam und Eva und – interessanterweise – die Sternzeichen.

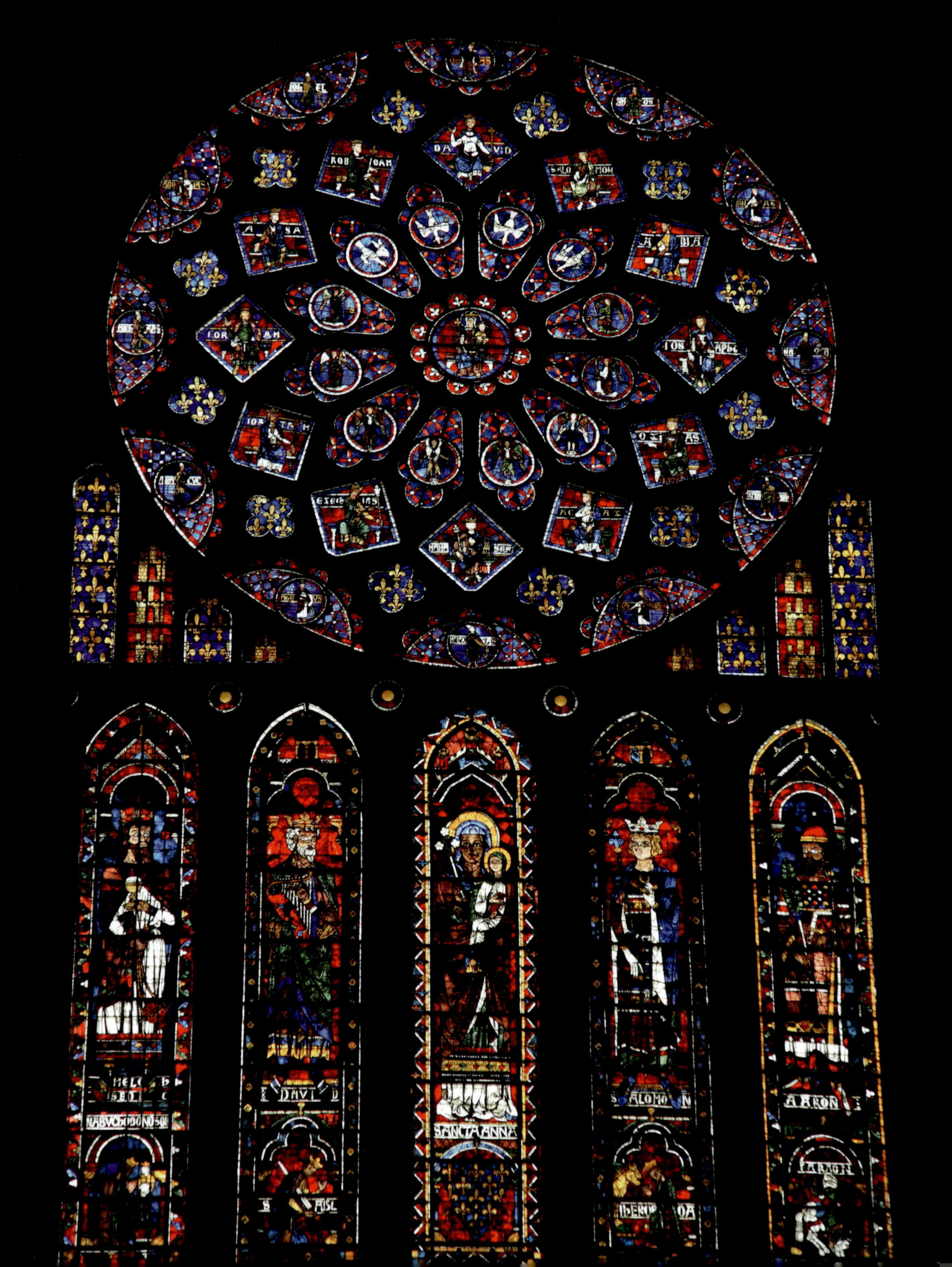
DA VID
ROB OAM
SALOMON
A SA
A BIA
IOR AM
SANCTA ANNA
NABVCHODONOSOR
AARON

Das Maria Magdalena-Fenster in Chartres

◀ Ein Fenster im Querschiff von Chartres, das weltweit für seine außergewöhnlich schönen Buntglasfenster bekannt ist.

Das große Maria Magdalena-Fenster in Chartres ist in der Tat außergewöhnlich. Es besteht aus 22 Teilen, die Szenen aus der Bibel und aus den Legenden um die Heilige auf das Genaueste darstellen: ihr Zusammentreffen mit Jesus im Haus des Simon, ihre Anwesenheit bei der Erweckung des Lazarus, ihr Erstaunen vor der leeren Grabkammer am Ostermorgen, die Erscheinung Jesu nach seiner Auferstehung und jene Szene, als sie Jesus erkennt, doch er sie warnt, ihn nicht zu berühren, da er noch nicht zum Vater aufgestiegen sei, und ihr aufträgt, den Jüngern zu verkünden, was sie gesehen habe. Aufgrund der großen Verehrung Maria Magdalenas im Mittelalter rankten sich auch dementsprechend viele Legenden um sie, die durch die *Legenda aurea* weit verbreitet und den Pilgern sicher geläufig waren.

Das Magdalena-Fenster in Chartres illustriert auch Szenen aus den Volkslegenden, etwa wie Maria Magdalena, ihr Bruder Lazarus, ihre Schwester Martha, der heilige Maximinus und andere von den Ungläubigen auf See geschickt werden und letztlich in der Provence landen. Interessanterweise wird das Boot in Chartres mit Segeln und einem Steuer abgebildet. Maximinus, der künftige Bischof von Aix-en-Provence, wird bei seiner Predigt mit Mitra und Krummstab dargestellt. Eine weitere Szene zeigt den Tod Maria Magdalenas in der Höhle bei Sainte-Baume in der Nähe von Marseille: An ihrem Haupt steht ein Geistlicher mit einem Kreuz, während Bischof Maximinus die Totenmesse liest. Eine weitere Szene zeigt diese Personen, während Maria Magdalena ins Grab gelegt wird; die letzte Szene stellt ihre Aufnahme in den Himmel dar. Ein Engel trägt dabei ihre Seele auf einem weißen Tuch zu Jesus, ein anderer schwingt ein Weihrauchgefäß und ein weiterer Engel hält die Krone des Lebens.

▼ Dieses Detail aus dem Maria Magdalena-Fenster in Chartres zeigt die Heilige links neben dem gekreuzigten Christus.

Maria Magdalena und die mittelalterlichen Osterspiele

Maria Magdalena trat auch im liturgischen Osterspiel, dem *Quem quaeritis*, auf, das sich im Mittelalter und in der frühen Renaissance so großer Beliebtheit erfreute, dass es zum Vorbild für zwei ähnliche Spiele wurde, die von den Handwerksgilden bei den Festspielen zu Weihnachten und zu Christi Himmelfahrt aufgeführt wurden – den dialogischen Tropen.

▶ Im Mittelalter wurden häufig Mysterienspiele aufgeführt. Sie waren ein nützliches Werkzeug, um die Botschaft der Bibel dem ungebildeten Volk näherzubringen.

Der erste überlieferte dialogische Tropus, der *Quem-quaeritis-Tropus,* beruht auf den Evangelien von Matthäus (28,1–7) und Markus (16,1–7) und stellt die Geschichte der drei Marien und des Engels bei der Grabkammer Jesu dar.

Nicht alle mittelalterlichen Dramen orientieren sich so genau an den biblischen Berichten, manche beruhen auf anderen Schriften oder sogar auf apokryphen Werken.

Ein anderes wichtiges mittelalterliches Schauspiel über Maria Magdalena, das zwischen Mysterien- und Moralitätenspiel angesiedelt ist, wird im englischen mittelalterlichen Digby-Manuskript, das in der Bodleian Library (kurz: Bodleiana) in Oxford aufbewahrt wird, erwähnt. Wissenschaftlern zufolge soll es sich um eine Abschrift aus dem 16. Jahrhundert handeln, die mehrere Mysterienspiele aus dem 15. Jahrhundert enthält. Darunter befindet sich eine Sage aus den East oder West Midlands von England, welche die Magdalena-Geschichte nicht gemäß der Bibel, sondern gemäß der *Legenda aurea* erzählt.

▲ Die drei Marien und der Engel am leeren Grab. Ein Medaillon zeigt das Bild des auferstandenen Christus über den erstaunten Frauen.

7 Die Schwarzen Madonnen

DIE FIGUR MARIA MAGDALENA IST ENG MIT DEN SCHWARZEN MADONNEN VERBUNDEN. EIN GRUND DAFÜR IST, DASS SICH VIELE IHRER SCHREINE IN DER NÄHE VON HEILIGTÜMERN WUNDERTÄTIGER SCHWARZER MADONNEN BEFINDEN, DEREN VEREHRUNG VOR ALLEM IN WESTEUROPA WEIT VERBREITET WAR.

Einleitung

Die meisten Menschen haben von Marienheiligtümern gehört oder vielleicht sogar schon eines besucht. Und viele haben sich über die Jahrhunderte hinweg gewundert, warum die Jungfrau mit dem Kind oft dunkel oder schwarz dargestellt wird. Allein in Westeuropa gibt es mehr als 200 Schwarze Madonnen, von denen etliche an Schreine der heiligen Maria Magdalena grenzen. Viele von ihnen sollen wundersame Heilkräfte besitzen.

Religionshistoriker, Theologen und Kunsthistoriker haben versucht, aus geschichtlichen Dokumenten, Archiven und Bibliotheken mehr über diese Darstellungsweise der Madonna herauszufinden. Es wird noch viel Arbeit nötig sein, um ihre Herkunft zu verstehen, doch viele sind sich einig, dass die Schwarzen Madonnen im 12. und 13. Jahrhundert im gesamten Westeuropa zu den am meisten verehrten Heiligtümern gehörten. Für Pilger hatten diesen Statuen »Unserer lieben Frau« oder »Unserer Herrin« immer besonders wundersame Kräfte. Heute wie damals werden ihnen zahlreiche ungewöhnliche Heilungen

◄ Eine Bilderzählung der Kreuzzüge. Im letzten Bild (unten rechts) kehren die Kreuzritter mit Reliquien zurück.

► Die Schwarze Madonna von Montserrat, eine typische schwarze Madonnenstatue, die von den Kreuzrittern aus dem Heiligen Land mitgebracht wurde.

zugeschrieben. Bereits nach dem 10. Jahrhundert begann sich in manchen Teilen Europas eine Zunahme der Verehrung von Marienheiligtümern abzuzeichnen, doch erst nach den Kreuzzügen, im 12. und 13. Jahrhundert, stieg die Zahl der Pilger, die zu den Schwarzen Madonnen strömten, drastisch an. Die heimkehrenden Kreuzritter brachten exotische Gegenstände und Reliquien aus dem Heiligen Land mit sich, darunter auch Schwarze Madonnen. Kunstfertige Handwerker wurden beauftragt, Schwarze-Madonnen-Statuen anzufertigen oder zu restaurieren. Bis heute zieht so manche Schwarze Madonna, die schon im Mittelalter beliebt war, große Pilgerscharen an – etwa jene in Chartres oder Montserrat. Neben Bauern und Handwerkern besuchten auch königliche Pilger diese Heiligtümer, darunter Heinrich II., Eleonore von Aquitanien, deren Sohn Richard Löwenherz und Ludwig XI.

Es gibt nur wenige frühe, historische Beschreibungen, die die Madonnenstatuen als schwarz bezeichnen, obwohl Petrus Comestor, französischer Theologe im 12. Jahrhundert, sein berühmter Zeitgenosse, der Zisterzienserabt Bernhard von Clairvaux sowie der byzantinische Geschichtsschreiber Nicephorus Callistus (1256–1335) Aufzeichnungen über die Schwarzen Madonnen machten. Frühe Studien über die

Schwarzen Madonnen in Frankreich stammen von Marie Durand-Lefebvre (1937), Emile Saillens (1945) und Jacques Huynen (1972). Michael P. Duricy von der Marienbibliothek des Internationalen Forschungsinstituts für Marienforschung in Dayton (Ohio) meint, die erste bemerkenswerte Studie über Ursprung und Bedeutung der Schwarzen Madonnen wäre von Leonard Moss bei einer Konferenz der American Association for the Advancement of Science (AAAS) am 28. Dezember 1952 vorgestellt worden. Moss hatte etwa hundert Schwarze Madonnen aus aller Welt erforscht, analysiert und kategorisiert und lieferte einen ersten wichtigen Beitrag zu einer ernsthaften Erforschung. Doch was als nüchterne wissenschaftliche Veranstaltung begann, endete anders als erwartet. In den 1950er Jahren war das Thema der Schwarzen Madonnen bei vielen Priestern und Nonnen sehr umstritten. Der Jungianer Ean Begg schreibt in seinem Buch *Die unheilige Jungfrau. Das Rätsel der Schwarzen Madonna*, dass während der legendären Tagung der AAAS im Jahr 1952 alle Priester und Nonnen im Publikum den Raum verließen, als Moss begann, über dieses Thema zu referieren. Die Schwarzen Madonnen standen demnach wie Maria Magdalena jahrhundertelang

im Zentrum so mancher Auseinandersetzung. Viele Schwarze Madonnen sind bis heute erhalten und haben einige kriegerische Jahrhunderte überstanden. Manche befinden sich in Basiliken, andere in kleinen Kapellen, Museen, Bibliotheken oder in Privatbesitz. Sie sind sehr unterschiedlich – jede einzelne besitzt ihre eigene Geschichte und Originalität. Manche sind Standbilder einer Mutter, die ihr Kind hält, andere stellen Maria sitzend, mit dem Kind auf dem Schoß, dar. Manche sind mit Blattgold verziert und tragen juwelenbesetzte Kronen, andere sind schlicht, ohne jegliche Verzierung. Die meisten aber sind bemalte Holzstatuen. Wiederum andere befinden sich auf Wandfresken oder Gemälden und manche sind aus Ebenholz oder Pechkohle (Agat) geschnitzt. Die Schwarze Jungfrau von Halle in Belgien trägt Spitze und blauen Samt aus dem 18. Jahrhundert sowie eine Krone.

In Westeuropa gibt es Schwarze Madonnenheiligtümer in Chartres, Le Puy und Rocamadour (Frankreich), in Einsiedeln (Schweiz), Oropa (Italien) und Montserrat (Spanien). Schwarze Madonnen gibt es zudem in Ecuador, Teneriffa, Russland und Mexiko.

◄ Der Zisterzienserabt Bernhard von Clairvaux, hier mit Mitra und Krummstab.

► Eine prachtvoll verzierte spanische Schwarze Madonna mit Kind.

Die Schwarzen Madonnen von Chartres

Die Kathedrale von Chartres wurde schon früh als mächtige und heilige Stätte anerkannt. Zu den ersten christlichen Bischöfen der Stadt Chartres gehörten Adventinus, Mitte des 4. Jahrhunderts, Martinus Candidus sowie Solemnis, der den Merowingerkönig Chlodwig I. im 5. Jahrhundert den christlichen Glauben gelehrt haben soll. Karl der Kahle, ein Enkel Karls des Großen, schenkte Chartres die erste christliche Reliquie: den Schleier der Jungfrau, den Maria bei der Geburt Jesu getragen haben soll.

▼ Eine Seite der Bibel Karls des Kahlen, Enkel von Karl dem Großen, die Szenen aus dem Leben des heiligen Hieronymus wiedergibt.

Diese Reliquie zog Tausende von Pilgern zu dieser christlichen Hochburg, die sich schon um 600 etabliert hatte. Heute ist Chartres vor allem für seine Verehrung von Maria als Königin des Himmelreichs bekannt: eine alte Tradition, die sich auf einen viel älteren Kult zurückführen lässt. In Chartres gibt es derzeit zwei Schwarze Madonnen – die offiziell anerkannte Notre Dame du Pilier (Unsere Herrin auf der Säule) und eine weitere in der Krypta, Notre Dame sous Terre (Unsere Herrin unter der Erde).

Schon lange bevor die Kathedrale 1194 errichtet wurde, strömten Pilger nach Chartres. Einer druidischen Überlieferung zufolge wurde schon in frühen Zeiten das Abbild einer dunklen Herrin unter der Erde verehrt. Plinius und Caesar erwähnen Chartres als wichtigen Versammlungsort der Druiden. Eine der frühesten Verehrungen einer Schwarzen Madonna fand in der Grotte neben einer Quelle statt, wo sich heute die unterirdische Krypta befindet. Irene Forsyth, Wissenschaftlerin an der Princeton University, vermutet, dass die Statue

▲ Notre Dame du Pilier, eine der zwei Schwarzen Madonnen in der Kathedrale von Chartres.

in der Krypta »Virgo Paritura« – die Jungfrau, die gebären wird – genannt wurde, auch wenn sie mit einem Kind auf dem Arm abgebildet war. Diese Statue hatte in der Grotte unterhalb der mittelalterlichen Kathedrale ein eigenes Heiligtum mit Altar und Quelle. Diese Quelle heißt Puits des Saints-Forts (Quelle der mächtigen Heiligen) und gilt als Ausgangspunkt für Chartres. Die ursprüngliche Statue ist 1793 während der Französischen Revolution verbrannt. Man glaubt, dass sich die bis heute lebendige Marienverehrung in Chartres auch auf die ältere Schwarze-Madonnen-Tradition zurückführen lässt – der Ort scheint immer dem göttlich Weiblichen geweiht gewesen zu sein. Die einzige genauere Beschreibung der ursprünglichen Schwarzen Madonna der Krypta stammt vom berühmten Kunsthistoriker Pintard, der sie 1681 als »schwarz glänzend«, auf einem Stuhl sitzend, mit dem Jesuskind auf dem Schoß, schildert. Das Kind gibt mit seiner rechten Hand ein Segenszeichen und hält in der linken die Weltkugel.

▼ Papst Silvester II., einst Gelehrter an der Kathedralschule in Chartres, setzte sich für die Schaffung einer Marienliturgie ein.

Chartres war im Mittelalter auch für seine Kathedralschule bekannt. Fulbert, ein berühmter Gelehrter, war an der Kathedralschule von Reims Schüler von Gerbert von Aurillac, dem späteren Papst Silvester II., gewesen, bevor er Bischof von Chartres wurde. Unter seiner Ägide, von 990 bis zu seinem Tod 1028, etablierte sich die Kathedralschule von Chartres, die in den folgenden Jahrhunderten als eine der besten Lehranstalten Europas galt – bis die Gründung der Universität von Paris ihren Niedergang und den ähnlicher Schulen herbeiführte. Durch seine Freundschaft mit Papst Silvester II. setzte sich Fulbert in der lateinischen Kirche für die Schaffung einer Marienliturgie ein. Im darauffolgenden Jahrhundert beeinflussten seine Schriften Bernhard von Clairvaux, der eine wichtige Rolle bei der Gründung des Zisterzienserordens und des Templerordens spielen sollte, die, wie auch die großen gotischen Kathedralen, »Unserer Herrin« gewidmet waren.

Saintes-Maries-de-la-Mer: die Schwarze Madonna, Maria Magdalena und die heilige Sara

Einer der wichtigsten Wallfahrtsorte einer Schwarzen Madonna ist Saintes-Maries-de-la-Mer, ein Fischerdorf in der französischen Provence, wo die Schwarze Sara schon seit langem als Schutzheilige der Roma und Sinti verehrt wird. Es gibt in Saintes-Maries-de-la-Mer zwar keine Schwarze Madonna, doch eine Statue der Schwarzen Sara, der Ägypterin. Manche glauben, dass der Kult der Schwarzen Madonnen in dieser Region auf sie zurückzuführen ist. Auch hatte die Provence schon lange eine besondere Verbindung zu Maria Magdalena.

In der Region werden viele sowohl christliche als auch alte Volkstraditionen gefeiert. Die wichtigste findet jedes Jahr am 24. und 25. Mai in Saintes-Maries-de-la-Mer statt, wo ein farbenfrohes Fest zu Ehren von Maria Magdalena und Sara, der Patronin der Zigeuner, gefeiert wird.

Es gibt hier eine lange Tradition der Verehrung der drei »Marien«, um die sich mehrere Legenden ranken. Jedes Jahr im Mai begeben sich zu diesem Ereignis viele Christen auf ihre jährliche Pilgerfahrt, besuchen die verschiedenen gotischen Kathedralen mit Magdalena-Schreinen am Weg und ziehen weiter zum Fest nach Saintes-Maries-de-la-Mer. Roma und Sinti aus allen Richtungen finden hier am 24. Mai zusammen.

Historiker und Roma sind der Meinung, dass hier tatsächlich zwei traditionelle Feierlichkeiten aufeinander treffen: einerseits die Verehrung der Schwarzen Sara durch die katholische Kirche und

▶ Nächste Doppelseite: Eine Statue der heiligen Sara, Schutzheilige der Roma, wird bei Saintes-Maries-de-la-Mer im Rahmen der Feiern zu Ehren von Sara und Maria Magdalena zum Meer getragen.

andererseits die noch ältere Verehrung der Schwarzen Sara durch die Roma und Sinti.

Einer Überlieferung zufolge war Sara die treue schwarze Dienerin, die mit den drei Marien – Maria Salome, Maria Jacobae und Maria Magdalena – nach Saintes-Maries-de-la-Mer kam. Diese Legende mit der speziellen Nennung des Ortes stammt aus der Zeit von René I. d'Anjou, aus dem 15. Jahrhundert; allerdings gibt es auch schon frühere Geschichten über die Ankunft der Gruppe in der Provence.

Der französische Historiker J.-P. Clébert, der lange Zeit in der Provence lebte, schreibt in seinem Buch *Das Volk der Zigeuner* (1967), dass diese Sara weder das Recht auf Kanonisierung besaß noch ihr Leib in die Krypta aufgenommen wurde, und sie in Wirklichkeit von der Kirche verbannt wurde. Er führt an, »Sara die Zigeunerin« hätte mit ihrer Sippe schon an den Ufern der Rhône gelebt und die drei

▼ Eine Prozession zu Ehren der Heiligen Maria Magdalena bei den jährlichen Feierlichkeiten in Saintes-Maries-de-la-Mer.

Marien bei ihrer Ankunft in Frankreich begrüßt. Sie wurde auch Sara-la-Kâli, Sara die Schwarze, genannt. Daher hielten wohl die Roma selbst Sara für eine ansässige Stammesführerin, die die drei Marien an den Ufern der Provence empfing, und nicht – wie häufig angenommen wird – für eine Dienerin aus dem entfernten Ägypten. Diese These wird von den belgischen Roma bekräftigt, deren Überlieferung zufolge Sara-la-Kâli edler Abstammung und Anführerin ihres Stammes an der Rhône war.

Die Roma und Sinti jener Zeit glaubten an mehrere Götter; einmal im Jahr nahmen sie die Statue der Ischtar auf ihre Schultern und gingen mit ihr ins Meer, um ihren Segen zu erhalten. Es heißt, Sara-la-Kâli hätte Visionen gehabt, die besagten, dass Heilige über das Meer kommen würden, die dem Tod Jesu beigewohnt hätten, und dass sie ihnen helfen solle – was sie der Legende nach auch tat. Die Heiligen segneten sie und verkündeten dem Volk der Provence sowie den Roma und Sinti das Evangelium.

Clébert führt an, dass bis 1912 die Roma allein das Recht besaßen, während dieses Maifestes die Krypta der Kirche zu betreten. Sie hielten dort Nachtwache bis zum Morgen. Die Statue der Sara wurde von Experten mehrere Male untersucht – sie stammt aus dem 18. Jahrhundert. Man nimmt an, dass sie eine ältere Holzstatue ersetzte.

Auch im 21. Jahrhundert strömen immer noch Menschen aus allen Himmelsrichtungen – Ortsansässige, Christen, Roma, Sinti und viele andere – an diesen Ort, der eine so starke Verbindung mit Maria Magdalena hat.

Und auch die Erinnerung an die Schwarze Sara, wer auch immer sie gewesen sein mag, wird weiter bestehen und lebendig bleiben.

▲ Die schwarze Sara wird während der alljährlichen Nachtwache in der Krypta der Kirche von Les-Saintes-Maries-de-la-Mer verehrt.

8 Der Alabasterkrug

MARIA MAGDALENAS SYMBOL IST IHR ALABASTERKRUG. ER IST DER GEGENSTAND, MIT DEM SIE AUF DEN MEISTEN DARSTELLUNGEN GEZEIGT WIRD. WORIN ABER LIEGT DIE BEDEUTUNG DIESES SALBENGEFÄSSES?

Einleitung

Und als der Sabbat vergangen war, kauften Maria von Magdala und Maria, die Mutter des Jakobus, und Salome wohlriechende Öle, um hinzugehen und ihn zu salben. Markus 16,1

Der Alabasterkrug, duftende Öle und Salben wurden lange mit Maria Magdalena verbunden und gehören bis heute zu den stärksten Symbolen, die sie umgeben. Das Alabastron, der berühmte Alabasterkrug der Bibel, wurde über die Jahrhunderte zu ihrem persönlichen Erkennungszeichen. In der christlichen Malerei wird sie oft mit diesem Salbgefäß dargestellt und tritt auch mit einem kleinen Gefäß auf, das zur Aufbewahrung von Chrisam, duftenden Balsamen oder Salbölen diente.

Andere ätherische Öle und Harze wie Nardenöl und Myrrhe werden im theologischen Diskurs über Maria Magdalena kaum erwähnt. Dennoch stehen sie im Zentrum des Bildes, das uns seit biblischer Zeit vermittelt wird. Öle und Salben sind auch im Christentum von zentraler Bedeutung, da aus dem Neuen Testament hervorgeht, dass der Salbungsakt die Anerkennung Jesu als Messias bedeutete. Mehrere Bibelszenen beschreiben die Salbung Christi durch eine namenlose Frau mit Alabasterkrug (oder Salbgefäß), wobei jene Frau in einer Szene als Maria von Bethanien, die Schwester von Martha und des auferstandenen Lazarus, bezeichnet wird.

Die Salbung besitzt eine sehr lange Tradition. Nardenöl und Myrrhe kommen beispielsweise neben anderen Parfums und Ölen äußerst häufig im *Hohelied Salomos* vor. Die Salbung der Toten war ein traditioneller Ritus des Judentums, ebenso wie in zahlreichen anderen östlichen Kulturen.

Die Salbung mit echtem, kostbarem Nardenöl, die Jesus von einer Frau empfängt und die in der Bibel ausdrücklich Erwähnung findet, wurde von den Jüngern als besonders bedeutsamer Ritualakt verstanden. Trotzdem zeigten sie sich über die Verwendung eines so kostbaren Öls

▲ Jesus verteidigt die salbende Frau, während auf den Gesichtern der Apostel deutlich ein feindseliger Ausdruck zu sehen ist.

für die Salbung verärgert. Jesus verteidigt jede Geste der Frau und erinnert die Jünger daran, dass die Salbung durch sie nicht nur seinen bevorstehenden Tod als Messias erahnen lässt – das Schlüsselereignis in seinem gesamten Wirken –, sondern er sagt ihnen auch: »Wahrlich, ich sage euch: Wo das Evangelium gepredigt wird in aller Welt, da wird man auch das sagen zu ihrem Gedächtnis, was sie jetzt getan hat.« Markus (14, 9).

Jesus bezog sich damit auf die Bedeutsamkeit ihrer Handlung. Er fühlte, dass es sich um eine liebende und hingebungsvolle Anerkennung seines Auftrags handelte, und machte die Jünger darauf aufmerksam, dass man sich für diese Tat an sie erinnern werde. Damit verleiht er dem Salbungsakt durch diese Frau ausdrücklich seine Bedeutung für die Nachwelt.

Die salbende Frau

Noch immer wird heftig debattiert, ob sich Jesus in den Szenen der Salbung speziell auf Maria Magdalena bezieht. Doch unumstritten ist, dass die Salbungen Jesu äußerst wichtige Ereignisse darstellen, sie gar eine zentrale Rolle im messianischen Auftrag Christi spielen. Trotzdem bleibt die genaue Identität der Frau – sie bleibt in drei der vier Bibelreferenzen unbenannt – wohl für immer im Dunkeln.

In der vierten Bibelstelle (Johannes 12,1–8) wird die Frau Maria von Bethanien genannt. Auch über ihre Identität gibt es in der römischen Kirche viele Debatten, insbesondere darüber, ob sie mit Maria Magdalena identisch ist. Sie wird erst nach der Kreuzigung in Zusammenhang mit einer Salbung erwähnt, nämlich am Ostermorgen beim Grab Christi. Früher galt es für viele Theologen als plausibel, dass die Namen Maria von Bethanien und Maria Magdalena dieselbe Person bezeichneten.

Bei der Gegenüberstellung der vier synoptischen Evangelien (Matthäus 26,6–13, Markus 14,3–9, Lukas 7,36–50 sowie Johannes 12,1–8) finden sich mehrere Hinweise auf eine Salbung durch eine Frau. Auch wenn nie geklärt werden wird, ob es sich bei der salbenden Frau um Maria Magdalena handelt, eines haben all ihre Beschreibungen gemein: In jeder biblischen Episode bringt sie kostbare Öle, Salben und wohlriechende Kräuter als zentrale Elemente der rituellen Salbungszeremonie Jesu dar.

▼ Eine Gravur aus dem 19. Jahrhundert zeigt Jesus und Maria von Bethanien.

Die byzantinischen Ostkirchen haben die drei salbenden Frauen seit Jahrhunderten nicht gleichgesetzt. Auch heute gibt es drei unterschiedliche Gedenktage für diese Frauen. Maria Magdalena wird am gleichen Tag wie in der römischen Kirche, am 22. Juli, gefeiert. Die protestantischen Kirchen weisen diese Definitionen zurück

◄ Die *Myrrhophoren* kommen mit jeweils einem Alabasterkrug am Ostermorgen zur Grabstätte Jesu.

bzw. stehen dem Ganzen indifferent gegenüber. In jedem Fall bleibt die rätselhafte Salbende in den Bibelszenen namenlos oder wird als Maria von Bethanien bezeichnet. Jedoch in den bekanntesten biblischen Osterberichten, insbesondere bei Markus 16,1, wird Maria Magdalena eigens genannt und auch berichtet, dass sie Myrrhe und kostbare Gewürze bringt.

Wie wir aus dem Neuen Testament wissen, hatte der Salbungsakt in Zusammenhang mit Jesu Leben und Auftrag eine große Bedeutung: Das Wort »Christus«, abgeleitet vom griechischen Wort *christos*, bedeutet nichts anderes als »der Gesalbte«, wie auch das aus dem Hebräischen abgeleitete »Messias« (*maschiach*).

Der Alabasterkrug und sein Inhalt

In alten Zeiten wurden bestimmte wertvolle Öle oder Duftsalben vielfach in aus Alabaster gefertigten Krügen oder Schatullen aufbewahrt. Die großen Museen zeigen in der Regel Exemplare dieses Gefäßtyps, die aus allen möglichen Kulturen der Antike stammen. Die duftenden Öle und Salben waren sehr teure Luxusgüter, oft kostbarer als Gold. Es ist daher anzunehmen, dass Alabasterkrüge sorgsam versiegelt waren, vor allem, wenn sie für eine rituelle Salbung, wie jene im Neuen Testament, bestimmt waren. In den Salbungsszenen der Evangelien gibt es daher einen weiteren Aspekt, der nicht zu übersehen ist: Es war das Aufbrechen des Siegels bei der Salbung Jesu, das anzeigte, dass es sich um eine ganz besondere Gelegenheit handelte, und das dem Akt zusätzlich große Bedeutung

▶ Im ersten Jahrhundert wurden duftende Essenzen oft in Stein- oder Glasgefäßen aufbewahrt. Diese Alabastergefäße enthielten ein knappes halbes Kilo Salben.

verlieh. Die Salbende muss also große Umsicht besessen haben, wann und unter welchen Umständen sie das Gefäß öffnen würde. Auch die Jünger waren sich dessen bewusst, denn diese Frau hatte offenbar ihren ungeöffneten Alabasterkrug mit dem kostbaren Öl nur dafür aufbewahrt, um ihn für das Salbungsritual aufzubrechen.

▲ Jesus erläutert den Jüngern die Bedeutung seiner Salbung, während die Frau seine Füße mit ihrem Haar trocknet. Der leere Krug ist deutlich neben ihr erkennbar.

Die Bedeutung des Nardenöls

Kostbarkeiten wie reines Nardenöl waren üblicherweise nur sehr wichtigen Gästen oder einem besonderen Zweck vorbehalten. Häufig ging beim Öffnen des Siegels der ganze Krug zu Bruch, wodurch der gesamte Inhalt auslief. Das Öffnen geschah daher in der Regel nur dann, wenn der Salbende bewusst entschied, den gesamten Inhalt zu verwenden. In der Bibel wird ausdrücklich erwähnt, dass der ganze Raum nach köstlichem Nardenöl roch; das könnte daran gelegen haben, dass das Gefäß zerbrochen war und eine viel größere Menge der wertvollen Essenz als die wenigen für das Ritual notwendigen Tropfen aus dem Gefäß geflossen waren.

Aus dem Neuen Testament wissen wir, dass die Jünger gegen den verschwenderischen Umgang mit dem so kostbaren Öl protestierten – doch vom Standpunkt der Salbenden ging es genau um diese Art der Verwendung des Öls: Sie hatte diesen Krug und seinen wertvollen Inhalt ausschließlich für diese und keine andere Gelegenheit aufbewahrt. Nur das Beste war gut genug, um den Herrn damit zu salben. Das Opfern eines äußerst teuren Kruges samt seines kostbaren Inhalts war auf die Zeit und Jesus bezogen ihre Art, auszudrücken, dass für dieses ganz besondere Salbungsritual keine Kosten gescheut werden durften. Die Jünger jedoch verstanden im Gegensatz zu Jesus die allumfassende Bedeutung des Salbungsaktes nicht und erklärten, dass sie das Geld wohl besser den Armen gegeben hätte. Jesus hingegen verteidigte die Handlung der Frau.

Es bat [Jesus] aber einer der Pharisäer, bei ihm zu essen. Und er ging hinein in das Haus des Pharisäers und setzte sich zu Tisch. Und siehe, eine Frau war in der Stadt, die war eine Sünderin.

Als die vernahm, dass er zu Tisch saß im Haus des Pharisäers, brachte sie ein Glas mit Salböl und trat von hinten zu seinen Füßen, weinte und fing an, seine Füße mit Tränen zu benetzen und mit den Haaren ihres Hauptes zu trocknen, und küsste seine Füße und salbte sie mit Salböl.

Als aber das der Pharisäer sah, der ihn eingeladen hatte, sprach er bei sich selbst und sagte: Wenn dieser ein Prophet wäre, so wüsste er, wer und was für eine Frau das ist, die ihn anrührt; denn sie ist eine Sünderin.

Jesus antwortete und sprach zu ihm: Simon, ich habe dir etwas zu sagen. Er aber sprach: Meister, sag es!

◄ Dieses Detail aus Alessandro Bonvicinos (1498–1554) *Bankett im Hause Simon* zeigt, wie Maria Magdalena die Füße Jesu salbt.

▶ Bei den jüdischen Bestattungsriten wird der Körper gesalbt und danach in ein Leichentuch gewickelt und beigesetzt.

Ein Gläubiger hatte zwei Schuldner. Einer war fünfhundert Silbergroschen schuldig, der andere fünfzig. Da sie aber nicht bezahlen konnten, schenkte er's beiden. Wer von ihnen wird ihn am meisten lieben?

Simon antwortete und sprach: Ich denke, der, dem er am meisten geschenkt hat. Er aber sprach zu ihm: Du hast recht geurteilt.

Lukas 7, 36–43

▶ Nächste Doppelseite: *Die Grablegung Christi*, russisches besticktes Seidenbild aus dem 17. Jahrhundert.

Bestimmte Krüge und Kassetten kamen zwar auch bei Bestattungsriten zum Einsatz, jedoch wird im Neuen Testament der Alabasterkrug ausschließlich dort erwähnt, wo auf Jesus als Messias hingewiesen wird.

Duftende Essenzen, Öle und Räucherwerk wurden bei religiösen Zeremonien schon lange verwendet, um Anfang und Ende eines wichtigen Ritualaktes abzugrenzen.

Auch heute noch schließt *Havdalah*, ein Duftritual mit wohlriechenden Kräutern und einer besonderen Kerze, den Sabbat ab und grenzt so die heilige Zeit des Sabbats von den weltlichen Wochentagen ab. Ebenso war die Salbung mit Nardenöl ein ritueller Moment im Wirken Jesu, der den Einsatz einer duftenden Salbe und eines Alabastergefäßes erforderte.

Das Bild von Maria Magdalena mit dem Alabasterkrug ist daher ein wahrhaftiges Symbol für die Bedeutung der Salbungsrituale in biblischer Zeit. Doch nicht nur der Krug, sondern auch sein kostbarer Inhalt – Nardenöl und Myrrhe – werden mit Maria Magdalena verbunden.

▼ Ein Havdalah-Set, das im Abschlussritual des Sabbat Anwendung findet.

Nardenöl und Myrrhe

In theologischen und religiösen Untersuchungen und Diskussionen über Maria Magdalena ist nur wenig von wohlriechenden Essenzen und Ölen die Rede, auch wenn die heilenden und beruhigenden Eigenschaften von Nardenöl dem Zweck der Salbung Jesu vollkommen entsprechen. Für diese offensichtlich höchst bedeutsame Aufgabe – die Salbung Jesu zum Messias – wählte die rätselhafte unbenannte Frau mit dem Alabasterkrug ganz bewusst Nardenöl, um den vor ihm liegenden Weg als Messias symbolisch kenntlich zu machen, was natürlich auch die Vorahnung und das Bewusstsein um seinen Tod voraussetzte.

◄ Maria Magdalena mit dem Alabasterkrug in einer Darstellung des flämischen Malers Rogier van der Weyden.

Nardenöl

Ich vergleiche dich, meine Freundin,
einer Stute an den Wagen des Pharao.
Deine Wangen sind lieblich mit den Kettchen
und dein Hals mit den Perlenschnüren.
Wir wollen dir goldene Kettchen machen
mit kleinen silbernen Kugeln.

Als der König sich herwandte,
gab meine Narde ihren Duft.
Hohelied Salomos 1,9–12

Nardenöl wird im *Hohelied Salomos*, im Neuen Testament und anderen alten Schriften überliefert. Als kostbares Duftöl zur Salbung Jesu war es die erste Wahl unter allen feinen und kostbaren Ölen, die von vielen alten Kulturen für Salbungen, zur Heilung von Kranken oder zur Einbalsamierung der Toten genutzt wurden. Nardenöl wird aus

▼ Ein Relief von Kräuterkundigen bei der Arbeit. Üblicherweise stellten diese heilsame Öle und Essenzen, etwa aus Myrrhe, her.

▲ Maria Magdalena war wohl eine begüterte Frau, was Francesco Bacchiacca (1494–1557) auf seinem stilisierten Gemälde durch die kunstvolle Frisur, den Hermelinkragen und die Manschetten andeutet.

den Wurzeln der Echten Narde gewonnen. Sie ist eine mehrjährige Pflanze, die ursprünglich aus Indien stammt. Zur Zeit der Bibel wurde Nardenöl in Alabastergefäßen vom fernen Himalaja ins Heilige Land gebracht. Dies erklärt zusätzlich, warum es so teuer war und zur Lebenszeit Jesu nur von sehr Wohlhabenden verwendet wurde. So mancher Theologe glaubt daher, dass Maria Magdalena eine reiche Jüdin war, die das Wirken Jesu unterstützte, und sie und ihr Kreis sich daher so kostbare Dinge wie Nardenöl leisten konnten.

Die Narde fand schon viel früher in vielen Kulturen als Heilpflanze Verwendung. In Sanskrit nennt man sie *nálada*, im Hebräischen *nerd*, *nárdos* im Griechischen und *sunbul hindi* im Arabischen. Es ist bekannt, dass Hebräer und Römer die Pflanze bei Grabriten verwendeten, obwohl Myrrhe in den Berichten über den Einsatz von Kräutern, Parfums und Ölen bei Bestattungsriten häufiger genannt wird.

Nardenöl wird seit dem Altertum durch Wasserdampfdestillation der Wurzeln der Indischen Narde oder Nardenähre (*Nardostachys jatamansi*), einer seltenen Pflanze mit rosa-gelben Blüten, gewonnen. Da es einer großen Menge dieser seltenen, im Himalaja wachsenden Pflanze bedarf, um eine sehr kleine Menge Öl zu extrahieren, waren Herstellung und Transport besonders zu jener Zeit eine sehr teure Angelegenheit. Als Plinius der Ältere um das Jahr 70 seine berühmte *Naturgeschichte* schrieb – eine enzyklopädische Naturkunde, die auch im Mittelalter bekannt war und Tausende von Pflanzen beschreibt – hatte der direkte Handel Roms mit Indien stark zugenommen, was den Preis von Nardenöl senkte; denn auch bei den Römern war *nardum* äußerst beliebt. In einigen alten Kulturen wurde Nardenöl sowohl mit Heirats- als auch Bestattungsriten verbunden. Zudem spielte es bei religiösen Salbungszeremonien eine wichtige Rolle. Es wundert daher nicht, dass die Salbung Jesu mit beruhigendem und heilkräftigem Nardenöl vollzogen wurde.

◄ Wohlhabende Römer schätzten duftende Öle und Essenzen.

Myrrhe

Myrrhe ist auf dem ältesten bekannten Magdalena-Wandgemälde, das um 240 entstanden ist und den Titel *Myrrophore* (Myrrhenträgerin) trägt, abgebildet. Dieses Gemälde wurde erst 1929 bei Dura-Europos am Fluss Euphrat in Syrien entdeckt und einige Jahre später in die Kunstgalerie der Universität Yale in Connecticut (USA) überstellt, wo es noch heute zu sehen ist.

▼ Myrrhe und Weihrauch fanden in den Riten vieler Kulturen Anwendung. Hier wird Weihrauch in einer traditionellen jüdischen Zeremonie verwendet.

Myrrhe ist ein bitter schmeckendes Harz, dessen Name sich auch vom semitischen Wort *murr* für »bitter« ableitet. Es ist das Harz des Baumes *Commiphora myrrha* und gehört zur Familie der *Burseraceae* (Balsambaumgewächse). Ursprünglich soll die Myrrhe aus Punt (Goldland) stammen, das wahrscheinlich Gebiete im heutigen Äthiopien, Eritrea oder Somalia umfasste. Ein Großteil der Myrrhe könnte auch auf der südlichen Arabischen Halbinsel gewonnen worden sein. Von weit her kamen Händler, darunter bereits die mächtigen Sabäer des alten Mesopotamien, um den arabischen Kaufleuten wertvolle Gewürze, darunter Weihrauch und Myrrhe, abzukaufen. Jakob von Edessa (ca. 640–708), ein syrischer Schriftgelehrter, nennt Saba als Heimat von Myrrhe, Weihrauch und anderen Gewürzkräutern.

Als Harz – eine weitere Bezeichnung ist »aromatischer Gummi« – ist Myrrhe unverderblich. Im Altertum wurde sie als Räucherwerk und Parfum geschätzt und war ebenso wertvoll wie Gold. Sie war Teil der Gaben, die die drei Weisen dem Jesuskind überbrachten.

Myrrhe und Narde kommen in vielen berühmten Versen im Lied der Lieder, dem *Hohelied* vor:

Du bist gewachsen
wie ein Lustgarten von Granatäpfeln
mit edlen Früchten, Zypernblumen mit Narden,
Narde und Safran, Kalmus und Zimt,
mit allerlei Weihrauchsträuchern,
Myrrhe und Aloe, mit feinen Gewürzen.

Hohelied Salomos 4,13–14

▲ Auf dieser Bildtafel von Bartolo di Fredi aus dem 14. Jahrhundert präsentieren die Drei Weisen ihre Gaben dem neugeborenen Jesuskind.

Der Ostermorgen

In vielen alten Traditionen war Myrrhe eng mit der Einbalsamierung von Leichnamen und mit Bestattungsriten verbunden. Sie wird als wohl wichtigster Balsam in allen Berichten über Maria Magdalena und die Myrrheträgerinnen, die am Ostermorgen zum Grab Jesu zogen, um die Salbung zu vollziehen, namentlich erwähnt.

▼ Jesus wird mit Myrrhe und Aloe gesalbt, bevor er in Leinen gehüllt und bestattet wird. Der Schmerz im Gesicht der Frauen ist auf diesem Gemälde von Peter Paul Rubens klar erkennbar.

Erstmals wird Myrrhe nach der Abnahme des Leichnams Jesu vom Kreuz durch Josef von Arimathäa genannt, als Nikodemus hinzukommt und Aloe und Myrrhe bringt (Johannes 19,39). Jesus wird damit gesalbt und mit Leinentüchern umwickelt. Danach wird

der Körper in die Grabkammer gelegt. Diese Salben dienten aber nicht nur der Einbalsamierung. Da laut jüdischem Gesetz die Körper wieder zu Erde werden mussten, war alles, was die Verwesung verlangsamte oder verhinderte, beim Salben zu vermeiden. Man nimmt an, dass die duftenden Öle und Salben hauptsächlich aufgetragen wurden, um den Leichengeruch, der im warmen Klima schnell auftritt, zu verringern. Der Leichnam wurde rituell gereinigt und in eine in Fels gehauene Grabkammer gelegt, wo er für gewöhnlich ein Jahr lang blieb. Danach entnahm die Familie die Gebeine und legte sie in ein Beinhaus.

Leichname galten bei den Juden als unrein; daher oblag es den Angehörigen der Verstorbenen, den Leib für das Begräbnis vorzubereiten. Beim Leichnam Jesu ging die Salbung wohl übereilt bzw. nur verkürzt vor sich, da Juden nach dem Sabbatgesetz schon am Freitag zu Sonnenuntergang zuhause sein mussten. Am Sonntagmorgen zogen, so berichten es die Evangelisten, drei Frauen zum Grab, wo sie den Leichnam gelassen hatten, und brachten – trotz des Chaos und der Verzweiflung, die sich bei den Anhängern Jesu nach seiner Kreuzigung breitgemacht hatten – die sorgsam

▲ Die alten Ägypter verwendeten Kräuter und Essenzen zur Einbalsamierung. Hier balsamiert der schakalköpfige Gott Anubis, welcher insbesondere mit der Mumifizierung verbunden wird, einen Körper ein.

▶ Nächste Doppelseite: Maria Magdalena kommt mit ihrem Alabasterkrug zur leeren Grabkammer, die von einem Engel bewacht wird. Der Ort der Kreuzigung ist im Hintergrund sichtbar.

vorbereitete Myrrhe sowie Salben und Öle, um das Ritual der Totensalbung abzuschließen. Sie waren äußerst überrascht, nur die leere Grabkammer vorzufinden.

Diese drei liebenden Frauen – Maria Magdalena, Maria, die Mutter des Jakobus, und Maria Salome – werden bei Markus (16,1) namentlich erwähnt. Nach Markus (16,9–11) und Johannes (20,1–18) war Maria Magdalena der erste Mensch, der den auferstandenen Christus sah und den Jüngern die Auferstehung verkündete.

Aber am ersten Tag der Woche sehr früh kamen sie zum Grab und trugen bei sich die wohlriechenden Öle, die sie bereitet hatten. Sie fanden aber den Stein weggewälzt von dem Grab und gingen hinein und fanden den Leib des Herrn Jesus nicht. Und als sie darüber bekümmert waren, siehe, da traten zu ihnen zwei Männer mit glänzenden Kleidern. Sie aber erschraken und neigten ihr Angesicht zur Erde. Da sprachen die zu ihnen: Was sucht ihr den Lebenden bei den Toten? Er ist nicht hier, er ist auferstanden. Gedenkt daran, wie er euch gesagt hat, als er noch in Galiläa war: Der Menschensohn muss überantwortet werden in die Hände der Sünder und gekreuzigt werden und am dritten Tage auferstehen. Und sie gedachten an seine Worte. Und sie gingen wieder weg vom Grab und verkündigten das alles den elf Jüngern und den andern allen. Es waren aber Maria von Magdala und Johanna und Maria, des Jakobus Mutter, und die andern mit ihnen; die sagten das den Aposteln. Und es erschienen ihnen diese Worte, als wär's Geschwätz, und sie glaubten ihnen nicht.

Lukas 24,1–11

▲ Ein Steinrelief auf einer Säule der Basilika von Vézelay, das die Versuchung Maria Magdalenas durch den Teufel (links) und ihre Rettung durch einen Mönch zeigt.

◄ Dieser Stich von Gustave Doré zeigt die drei Marien, wie sie in das Grab hinabsteigen und draußen auf die Engel treffen.

Nachwort

VON DEN CHRISTLICHEN KIRCHEN SOWOHL GEBRANDMARKT ALS AUCH VEREHRT, FASZINIERT UNS MARIA MAGDALENA NOCH HEUTE, DA SICH IHRE GESCHICHTE STETS WEITER ENTWICKELT UND IMMER NEUE WENDUNGEN ERFÄHRT.

Einst und heute – der Mythos Maria Magdalena

Wie ein Diamant mit vielen Facetten haben uns die wechselhaften Gesichter der Maria Magdalena und ihr rätselhaftes Vermächtnis einen der größten Mythen des göttlich Weiblichen hinterlassen. Die Zeit ihrer größten Berühmtheit in Westeuropa – das Hochmittelalter – eröffnete uns eine Vielzahl neuer Perspektiven. Aus vielen Gründen wuchs und entwickelte sich der Kult der heiligen Maria Magdalena zu dieser Zeit. Sie wurde zum Mittelpunkt der Verherrlichung durch die Massen und zur Hauptattraktion farbenfroher geistlicher Osterspiele. In der Renaissance war sie noch immer ein sehr beliebtes Motiv auf Gemälden, die sie meist mit ihrem wichtigsten Symbol, dem Alabasterkrug, zeigen.

▼ Die drei Marien kommen zur leeren Grabkammer und erfahren von den Engeln, dass Jesus auferstanden ist.

Das Hochmittelalter war keineswegs, wie oft angenommen, nur ein dunkles Zeitalter. Obwohl von Feudalherrschaft und Inquisition geprägt, fand doch in vielen anderen Bereichen eine kulturelle Hochblüte statt: es wurden prachtvolle gotische Kathedralen gebaut, es war die Ära der Tempelritter, der Troubadoure und Minnesänger, es entstanden Artus- und Gralsromane, die ersten Uni-

◀ Maria Magdalena wird oft mit einem Totenkopf dargestellt, der an die Kreuzigung in Golgatha, dem »Ort des Schädels«, erinnert.

▶ Eine französische Handschrift aus dem 13. Jahrhundert, die im unteren Teil Maria Magdalena zeigt, wie sie den Aposteln predigt.

versitäten wurden gegründet. Es war auch die Zeit der aufkeimenden Wissenschaften, der Verbesserung von Produktionsmethoden und der Niederschrift des »Sohar«, des bedeutendsten Schriftwerkes der Kabbala. Wie Magdalena wurde auch das Hochmittelalter oft abfällig betrachtet, missverstanden und leichtfertig interpretiert. Dabei hat es mannigfaltige Facetten und viele unterschiedliche Strömungen, zu denen auch Aufstieg und Blüte des Magdalena-Mythos gehören.

Im Mittelalter waren die Maria Magdalena-Heiligtümer äußerst beliebt. Gelegentlich kam es sogar zu regelrechten Massenanstürmen. Aus dieser Zeit sind uns auch viele Sagen und Berichte von Heilungen, Bekehrungen und Wundern kraft der heiligen Maria Magdalena überliefert, die oft von Königen und einflussreichen Adelsfamilien genährt wurden. Wir treffen in Festspielen, Mysterienspielen und Messen auf die Heilige. Wir finden Pilgerschreine, Basiliken und Kapellen, die ihren Namen tragen. Wir erahnen ihre Berühmtheit anhand der Buntglasfenster und Schnitzereien großer Kathedralen. In Ost und West gleichermaßen stoßen wir auf ihre Reliquien; wir erfahren vom Kult der Schwarzen Madonnen, von ihren Pilgerstätten, der mittelalterlichen Gildensymbolik und Beispielen ihres Vermächtnisses von Kraft und Schönheit, das bis in die Renaissance fortwirkte und Maria Magdalena zu einem Hauptmotiv in der Malerei machte.

▲ Die Schwarze Madonna von Rocamadour, einem französischen Wallfahrtsort in der Region Lot. Die Skulptur stammt aus dem späten 12. Jahrhundert.

Dieser Prozess setzt sich heute noch fort, ihr Mythos entfaltet und verändert sich, er wird umgeschrieben. In jüngster Zeit wurden einige faszinierende und kontroverse, wenn auch historisch nicht belegte Sichtweisen von Maria Magdalena in den Vordergrund gerückt. Wie die Geschichte so manches Heiligen, so wurde auch ihre Geschichte über viele Jahrhunderte hinweg erschaffen, als eine Verflechtung von biblischen Überlieferungen, Sagen und Legenden. Sie hat die Menschen fasziniert, verlockt und herausgefordert. In unserem modernen, weltlichen Zeitalter, wo wir das steigende Interesse

▼ Maria Magdalenas Ankunft in Frankreich, ein Detail aus einer Altartafel, die sich heute im Kathedralmuseum in Girona (Spanien) befindet.

▲ Ein Bildnis der nachdenklichen Heiligen von Carlo Dolci (1616–1686).

an allen Seiten Maria Magdalenas deutlich wahrnehmen, mag uns der universale Mythos der »Frau, die alles verstand« – vom Erdigen und Sinnlichen bis zum Allerhöchsten und Göttlichen – ihr etwas näherbringen.

Bei Maria Magdalena wird nichts ausgelassen oder zensiert. Sie trägt alle Gefühle, Eigenschaften und Attribute in sich, die der moderne Mensch nachempfinden kann. Sie wird als lebensnahe Führerin für die spirituelle Entwicklung betrachtet, als Inspiration für höheres Gottesbewusstsein, für Meditation und Gebet und manchmal sogar für die Bekehrung zum Christentum.

Maria Magdalenas Fürsorge für die am Rand Stehenden, die Ausgestoßenen, die schwarzen Schafe und Unterdrückten wurde von den Pilgern stets erbeten. Vielleicht erstaunt es daher nicht, dass in manchen Gebieten die Heiligtümer Maria Magdalenas und die von Schwarzen Madonnen so nahe beieinander liegen.

Ihr felsenfester Glaube, ihre Treue, Wahrhaftigkeit und Weisheit haben für jeden, ob gläubig oder nicht, Gültigkeit. Sowohl als christliche Heilige als auch als metaphorische Verkörperung der biblischen Weisheit, als Sophia, inspiriert uns Maria Magdalena noch heute. Ihr Licht entfaltet sich weiterhin, wie auch ihr universeller Mythos sich im 21. Jahrhundert weiter entwickelt.

Anhang

WIRFFT DEN ERSTEN STHEIN AVF SIE · IO VIII

Glossar

Alabasterkrug Ein kleines Gefäß, das in der Spätantike und zur Zeit der Bibel von den Frauen im Vorderen Orient und in den Mittelmeerregionen zur Verwahrung von Parfums, Ölen oder Salben verwendet wurde und das bei Bestattungsriten oft zum Einsatz kam. Die christliche Kunst bildet Maria Magdalena meist mit dem Gefäß ab.

Apokryphe Schriften Texte, die nicht in den offiziellen Kirchenkanon aufgenommen wurden. Eine Sammlung apokrypher Bücher wird oft »Apokrypha« genannt. Diese variieren in den verschiedenen religiösen Glaubensrichtungen. Im Christentum beziehen sie sich auf jene Schriften, die im griechischen Alten Testament enthalten waren, jedoch nicht Teil der hebräischen Bibel sind. Die katholische Bibel enthält die apokryphen Bücher, nennt sie aber »Deuterokanonika«. Die protestantischen Bibeln schließen in der Regel alle apokryphen Texte aus. Neue Methoden der Textanalyse und jüngere Funde belegen, dass manche Bücher, die in früheren christlichen Perioden als apokryph eingestuft wurden, authentischer sind als manche, die in den offiziellen Kanon aufgenommen wurden.

Apostola apostolorum Der Begriff, der oft als »Apostolin der Apostel« übersetzt wird, bezieht sich auf die Schlüsselrolle Maria Magdalenas: Sie begegnete Christus nach seiner Auferstehung als Erste und verkündete den anderen Jüngern die Frohe Botschaft.

Bernhard von Clairvaux Ein einflussreicher französischer Zisterzienserabt und Mystiker. Er wurde um 1090 auf Burg Fontaine-lès-Dijon geboren und starb 1153 in Clairvaux. Er gilt als einer der bedeutendsten westlichen Kirchenführer und Prediger und lebte als strenger klösterlicher Asket, der Ausschweifungen des Fleisches anprangerte. In seinem spirituellen wie auch weltlichen Wirken unermüdlich, verfasste er zahlreiche Schriften und stand der Gründung von über 70 Zisterzienserklöstern vor. Als Fürsprecher des jungen Templerordens vor dem Papst unterstützte er die Templer auch beim Verfassen ihrer Ordensregel. Er ist besonders für seine Kontroversen mit Abelard bekannt, einem führenden Vertreter eines stärker scholastisch und rational orientierten Zugangs zur Spiritualität.

Bernhard wurde vom Papst beauftragt, die Predigt zum Aufruf für den zweiten Kreuzzug zu halten. 1174 heilig gesprochen, wird er von der römisch-katholischen und anglikanischen Kirche anerkannt und an seinem Gedenktag am 20. August verehrt.

Bethanien Das Dorf, das als Heimatort der Geschwister Maria, Martha und Lazarus beschrieben wird.

Desposyni Bezeichnung für die vermeintlichen Verwandten Jesu, die von König David abstammen sollen, einschließlich seines Vetters Johannes des Täufers und der im Neuen Testament genannten Brüder Jakobus der Gerechte, Simon und Judas.

Dialog des Erlösers Eine stark beschädigte Abschrift eines Manuskripts, das laut Experten aus dem 2. Jahrhundert stammt und den Dialog des Erlösers mit seinen engsten Jüngern, darunter Judas, Maria und Matthäus, beschreibt. Sie wurde 1945 in Ägypten in der Nähe des Ortes Nag Hammadi entdeckt.

Evangelium Es gibt viele kanonische und außerkanonische Evangelien. Aufgrund der großen Übereinstimmungen von Markus, Matthäus und Lukas nennt man diese auch synoptische Evangelien.

Evangelium der Maria Das einzige existierende Exemplar eines frühchristlichen Textes, der im Namen einer Frau – Maria – geschrieben wurde. Heute glauben die meisten Wissenschaftler, dass es sich dabei um Maria Magdalena handelt. Der Text wurde 1945 als Teil der Nag Hammadi-Schriften gefunden und 1955 erstmals ins Deutsche übersetzt. Dieses gnostische Werk betont die Lehren Jesu als einen Weg zu innerem mystischem Wissen und stellt Maria Magdalena als Visionärin und fähige Anführerin im Kreis der Anhänger Christi dar. Es spricht kirchliche Streitpunkte bezüglich Autorität und Führung an und diskutiert auch die Rolle der Frau in der Kirche, die in vielen religiösen Gemeinschaften nach wie vor Grund für Kontroversen ist.

Gedenktag der heiligen Maria Magdalena Die römische und die orthodoxe Kirche feiern den Gedenktag von Maria Magdalena am 22. Juli. Die byzantinischen Ostkirchen feiern am 4. Mai auch die Überführung der Reliquien der Heiligen nach Konstantinopel.

Gnosis Der ursprünglich griechische Begriff bedeutet »Wissen« oder »Weisheit«. Gnosis erwächst eher einer direkten intuitiven Erfahrung als einem rein intellektuellen Zugang, der sich auf eine äußere Doktrin oder Analyse konzentriert. Generell lässt sich diese heute als eine tiefe innere Erfahrung oder einen Prozess anhaltender persönlicher »Offenbarung« verstehen, um Einheit mit Gott oder dem Unendlichen sowie Wissen über die Wirklichkeit hinter der Wirklichkeit zu erlangen. In den frühchristlichen Jahrhunderten bezeichneten sich viele Gruppen als »Gnostiker«. Sie legten großen Wert auf individuelle Erfahrung und Offenbarung und schenkten dem Weiblichen große Wertschätzung, was zu ernsthaften Konflikten mit konventionellen Strömungen führte.

Gnostische Evangelien Die moderne Bezeichnung der 1945 bei Nag Hammadi gefundenen Schriften. Obwohl viele altertümliche christliche Texte schon seit langem ihrem Wesen nach als »gnostisch« bezeichnet, kritisiert, studiert, verbrannt oder auch hoch geschätzt wurden, gelten sie heute als frühe außerkanonische oder apokryphe Texte über das Leben Jesu und bleiben ebenso umstritten wie faszinierend. In einigen wichtigen gnostischen Evangelien, insbesondere im Evangelium der Maria und im Philippusevangelium, tritt Maria Magdalena besonders hervor.

Heiligen- oder Reliquienschreine Im Mittelalter wurden die christlichen Pilger von der Kirche angehalten, Wallfahrten zu den Schreinen wichtiger Heiliger zu unternehmen. Ein Schrein kann eine Kassette oder ein besonderes Behältnis für eine Reliquie oder einen heiligen Gegenstand sein, oder ein spezieller, abgeschlossener Bereich in einer Kirche, Kathedrale oder einem Tempel, oft ein Reliquiar, das einem bestimmten Heiligen gewidmet ist. Solche Schreine befanden sich oft in großen gotischen Kathedralen oder Kirchen auf dem Weg nach Santiago de Compostela oder Rom.

Kabbala Die mystische Tradition des Judentums, in deren Zentrum der Lebensbaum steht und als deren wichtigster Text der Sohar gilt.

Kanon Eine Liste offiziell bewilligter und verbindlicher Bücher, die von der Kirche als Heilige Schrift akzeptiert werden. Der römisch-katholische Kirchenkanon wurde 1546 auf dem Konzil von Trient festgelegt. Da es keinen offiziellen protestantischen gibt, wurden von einzelnen Religionsgemeinschaften eigene Listen bestimmt.

Katharer (Albigenser) Eine gnostische christliche Glaubensbewegung im 12. und 13. Jahrhundert, die für die katholische Kirche eine Bedrohung darstellte und deren Mitglieder als Häretiker verfolgt wurden. Sie war besonders stark in Südfrankreich und Norditalien ausgeprägt, doch auch in anderen Gebieten des westlichen Christentums verbreitet. Die Katharer vertraten einen dualistischen Glauben, der die irdische Welt als böse und die Menschen im materiellen Gefängnis ihres Körpers »gefangen« betrachtete. Nur die Geisttaufe (das *Consolamentum*) ermöglichte es ihrer Seele, nach dem Tod wieder in ihren ursprünglichen himmlischen Zustand zurückzukehren. Sie ernährten sich vegetarisch, lebten enthaltsam und hatten Priesterinnen, die Perfectae. Sie hielten die existierende Kirche für korrupt, böse und machthungrig und zogen damit die Aufmerksamkeit der Inquisition auf sich, die 1244 in der Verbrennung der Katharer von Montségur gipfelte.

Madeleines Dieses leichte muschelförmige Gebäck, das angeblich Marcel Prousts Lieblingsgebäck war, wird Maria Magdalena zu Ehren in einer speziellen »Magdalenenpfanne« hergestellt. Essen hat in vielen Kulturen religiöse, spirituelle und volkstümliche Bedeutung. In jeder Kultur gibt es auch Rezepte zu Ehren von Heiligen (siehe auch Navettes).

Magdala Der umstrittene Ort, aus dem Maria Magdalena und ihre Familie stammen könnten. Viele Wissenschaftler beharren jedoch darauf, dass es keine klare Verbindung zwischen dem Namen der Heiligen und einem Ort namens »Magdala« gebe.

Malteserorden (Ritter- und Hospitalorden vom hl. Johannes von Jerusalem) Ein 1099 in Jerusalem gegründeter religiöser Orden, der sich insbesondere durch die medizinische Versorgung von Pilgern und die Teilnahme an den Kreuzzügen auszeichnete. Gemeinsam mit anderen christlichen Rittern verteidigten die Malteser das Heilige Land gegen die

Sarazenen und gingen 1291 nach ihrer Vertreibung nach Zypern und anschließend nach Rhodos. 1523 überließ Karl V. ihnen die Insel Malta, 1798 wurden sie von Napoleon enteignet. Heute sind sie als Johanniter bekannt, haben ihren Hauptsitz in Rom und konzentrieren sich vor allem auf medizinische Notfallsversorgung.

Manichäismus Eine dualistische Glaubensbewegung, die auf den Lehren von Mani (216–277) basierte. Der heilige Augustinus (354–430) besipielsweise war Manichäer bevor er zum Christentum konvertierte.

Mercator Der mittelalterliche Begriff für Krämer bzw. Salbenkrämer.

Meretrix Bezeichnung für »Prostituierte«. Papst Gregor I. bezeichnete Maria Magdalena in seiner Predigt 591 allerdings nicht als *meretrix*, sondern als *peccatrix*, was »Sünderin« bedeutet. Im Neuen Testament wird Maria Magdalena an keiner Stelle als Prostituierte beschrieben.

Merowinger Dem wohl mächtigsten und dauerhaftesten fränkischen Geschlecht des Frühmittelalters, den Merowingern (481-751), wurde in der westlichen Geschichtsschreibung nur wenig Beachtung geschenkt. Dies mag an der Feindseligkeit der Kirche und der Karolinger, die ihnen nachfolgten, liegen. Die Merowinger waren Anhänger des Arianismus, einer theologischen Lehre, die im Gegensatz zur Trinitätslehre und folglich nicht im Einklang mit dem Glaubensbegriff nach dem Konzil von Nicäa stand.

Myrrhophoren Wörtlich »Myrrhenträgerinnen« – hier vor allem jene hingebungsvollen Frauen, die Myrrhe sowie Öle und Balsame zum Grab Christi trugen, um die Bestattungsriten durchzuführen.

Mythos Ein Glaubenssystem oder eine Verknüpfung von Archetypen, die sich über eine gewisse Zeit um eine bestimmte Idee, Person oder Organisation formen – eine Art »mystische Aura«, die ein Eigenleben entwickelt. Ein Mythos umfasst Elemente historischer Fakten und auch Legenden, wie sie sich etwa um den mittelalterlichen Orden der Tempelritter ranken oder um charismatische Persönlichkeiten in

Geschichte und Literatur, z. B. König Artus, König Salomon und in jüngerer Zeit um Persönlichkeiten wie etwa Mahatma Gandhi.

Nag Hammadi Eine oberägyptische Stadt, in der 1945 von einem ansässigen Bauern wichtige alte Pergamenthandschriften in versiegelten Krügen in einer Höhle gefunden wurden. Die Nag Hammadi-Bibliothek (siehe auch Gnostische Evangelien) ist eine Sammlung von 13 Papyrus-Kodizes, die 52 Texte umfasst.

Navettes Seit 1781 werden in der Bäckerei Les Fours des Navettes in der Nähe der Abtei Saint-Victor in Marseilles zu Ehren von Lazarus, Martha und der drei Marien diese kleinen bootsförmigen Küchlein gebacken. Jedes Jahr am 2. Februar segnet der Erzbischof von Marseille einen Ofen mit Navettes und zehn Tage später erscheint – so die Legende – in der Kapelle von Saint-Victor die Schwarze Madonna.

Petrusakten Eine kurze Geschichte über die Wundertaten des Petrus, in denen die Wichtigkeit sexueller Enthaltsamkeit betont wird. Die Petrusakten sind Teil des Berliner »Codex Gnosticus« aus dem 5. Jahrhundert.

Philippusevangelium Dieses gnostische Evangelium, Teil der Nag Hammadi-Schriften, behandelt eine Vielzahl an Themen, darunter spezifische Lehren von und über Jesus, die frühchristliche Taufe, Gleichnisse und Gedanken zu Braut und Bräutigam, etwa zum Brautgemachsakrament. Dieses Werk bezieht sich stärker als alle anderen auf Jesus und Maria Magdalena. Die Harvard-Theologin Karen King und andere Textexperten stimmen überein, dass die Ansichten im Manuskript stark jenen der Valentianer gleichen und daher aus dem späten 2. oder frühen 3. Jahrhundert stammen.

Pistis Sophia Ein Manuskript, das einen wichtigen visionären Dialog zwischen dem auferstandenen Erlöser und dem engsten Kreis seiner Jünger beschreibt und in dem Maria Magdalena stark hervortritt. Man vermutet, dass dieser koptisch-gnostische Text im 3. Jahrhundert verfasst und dann in den »Codex Askewianus«, eine Pergamenthandschrift aus dem 4. Jahrhundert, aufgenommen wurde.

Prieuré des Sion Historisch gesehen ein undurchsichtiger katholischer Ritterorden, gegründet 1956 in Frankreich, der meist mit einem mystischen Geheimbund assoziiert wird. Sein Ziel war es, die Merowingerdynastie wieder einzusetzen – eine Idee, die in Büchern wie »Der heilige Gral und seine Erben« verbreitet wird.

Schekhinah Im Judentum die Gegenwart Gottes, die oft als weiblicher Aspekt der Göttlichkeit beschrieben wird. *Schekhinah* spielt auch beim Studium der Kabbala und des Lebensbaumes eine besondere Rolle. Sie ähnelt im Christentum dem Konzept des Heiligen Geistes bzw. bestimmten Aspekten der griechischen Sophia.

Sohar Ein wichtiges kabbalistisches Schriftwerk in der spanischen Toledo-Tradition. Viele Wissenschaftler glauben, dass es im späten 13. Jahrhundert von Mosche ben Schemtow de León in mittelalterlichem Aramäisch verfasst wurde. Der Sohar gilt als tiefgründiges Werk großer spiritueller Einsicht und Wahrnehmung. Sein Name leitet sich vom hebräischen Wort für »Glanz« ab. Er besteht aus einer Reihe mystischer Texte, die die Tora, die fünf Bücher Mose, kommentieren.

Sophia Abgeleitet vom griechischen Wort für »Weisheit«, stellt die Sophia ein wichtiges Konzept in den Schriften der östlichen wie westlichen Tradition im Christentum, der griechischen Philosophie, Gnostik und in den Werken Platos dar. Sophia gilt als integraler Aspekt der heiligen Dreifaltigkeit (Vater, Sohn und Heiliger Geist). Vor allem die griechisch-orthodoxe Tradition betrachtet Sophia als das gleiche Konzept wie Logos – Christus. Als der mystische weibliche Aspekt des Göttlichen wird Sophia von manchen Christen, etwa von der mittelalterlichen Äbtissin und Mystikerin Hildegard von Bingen, als Braut Christi betrachtet. In der heutigen Zeit flammt das Interesse an dem Sophia-Konzept sowie am weiblichen Aspekt Gottes wieder auf. In den kabbalistischen Schriften erscheint Hokhmah (Weisheit) oft gemeinsam mit *Schekhinah*, der innewohnenden weiblichen Herrlichkeit Gottes, die eng mit dem christlichen Konzept der Sophia verbunden ist.

Templerorden Der Templerorden (ca. 1119–1312) war ein geistlicher Ritterorden zur Zeit der Kreuzzüge. Als die wohl größte, reichste und mächtigste Organisation der westlichen Welt außerhalb der Kirche waren die Templer engagierte Krieger, Schatzmeister einiger Könige, verlässliche Diplomaten, Bauern, Begleiter sowie Beschützer der Pilger, Geschäftsleute und Seeleute. In ihrer Blütezeit besaßen sie allein in Europa mehr als zweitausend Kommenden (Niederlassungen), im Heiligen Land noch mehr. Sie genossen aufgrund vieler siegreicher Schlachten große Popularität und Respekt. Durch ihren Reichtum und ihre Macht zogen sie jedoch auch großen Neid auf sich, darunter den des französischen Königs Ludwig X. Im Jahr 1307 wurden die führenden Ritter gefangen genommen, anfangs nur in Frankreich, dann auch in anderen Ländern, und zahlreicher Verbrechen bezichtigt. Nach vielen Jahren der Haft, Folter und blutrünstiger Prozesse wurde der Orden schließlich kraft einer päpstlichen Bulle 1312 verboten, obwohl das endgültige Urteil des Papstes hinsichtlich der Beschuldigungen »nicht bewiesen« lautete.

Totenkopf In der christlichen Ikonographie wird Maria Magdalena oft neben einem Totenkopf (gemeinsam mit einem Buch und einer Glocke) dargestellt. Da Golgatha – der Ort des Schädels – eng mit der Kreuzigung Jesu verbunden ist, glauben viele Kunsthistoriker, dass man das Totenkopfsymbol daher auch Maria Magdalena zuschrieb.

Troubadoure Mittelalterliche Dichter und Sänger. Die Hochblüte ihrer Kultur in Frankreich erstreckt sich vom 11. bis zum 13. Jahrhundert. Ihre Gedichte waren meist in der *langue d'oc* (okzitanischen Sprache) verfasst und behandelten vor allem die Minne, die höfische Liebe.

Weisheit Salomos Kurzform für »Das Buch der Weisheit«, ein deuterokanonisches oder apokryphes Buch des Alten Testaments, das König Salomon zugeschrieben wird, obwohl es erst im 1. Jahrhundert v. Chr. in griechischer Sprache verfasst wurde.

▶ Nächste Doppelseite: Maria Magdalena war zugegen, als Jesus vom Kreuz genommen wurde. In dieser Darstellung von Raphael ist sie an der linken Seite des Messias zu sehen.

Bibliografie

DIE BIBEL. Nach der Übersetzung Martin Luthers, Bibeltext in der revidierten Fassung von 1984, Evangelische Kirche in Deutschland, Stuttgart: Deutsche Bibelgesellschaft: 1985

ANGOLD, Michael: *The Bridge from Antiquity to the Middle Ages*, London: Phoenix Press, 2001

ARMSTRONG, Karen: *Die Achsenzeit. Vom Ursprung der Weltreligionen*, München, Siedler Verlag, 2006

ATWOOD, Richard: *Mary Magdalene in the New Testament Gospels and Early Tradition*, Bern: Lang, 1993

AUGUSTINUS: *Vom Gottesstaat*. Buch 1-10, München, Dtv 1997

BAIGENT, Michael, Henry LINCOLN und Richard LEIGH: *Der heilige Gral und seine Erben. Ursprung und Gegenwart eines geheimen Ordens*, Bergisch Gladback: Bastei Lübbe, 1987

BAKER, Derek [Hg.]: *Medieval Women*, Oxford: Oxford University Press, 1978

BARBER, Malcolm: *Die Katharer: Ketzer des Mittelalters*, Düsseldorf, Patmos, 2008

BARBER, Malcolm: *Die Templer: Geschichte und Mythos eines Ritterordens*, Düsseldorf, Patmos, 2005

BARBER, Malcolm: *Der Templerprozess: Das Ende des Ritterordens*, Düsseldorf, Patmos, 2008

BEGG, Ean: *Die unheilige Jungfrau. Das Rätsel der Schwarzen Madonna*. Bad Münstereifel: Ed. Tramontane, 1989

BELLEVIE, Lesa: *The Complete Guide to Mary Magdalene*, New York: Alpha Penguin, 2005

BENNETT, Clinton: *In Search of Jesus*, London/New York: Continuum, 2001

BENNETT, Ralph Francis: *The Early Dominicans: Studies in Thirteenth-Century Dominican History*, Cambridge: Cambridge University Press, 1937

BIRNBAUM, Lucia Chiavola: *Black Madonnas: Feminism, religion and politics in Italy*, Lincoln, NE: ToExcel publishers, 2000

BOER, Esther de: *The Gospels of Mary*, New York: Harper San Francisco, 2006

BOYER, Marie-France: *The Cult of the Virgin*, London: Thames & Hudson, 2000

BROEK, Roelof van den und Wouter J. HANEGRAAFF: Gnosis and Hermeticism: From Antiquity to Modern Times, Albany: State University of New York Press, 1998

BURSTEIN, Dan und Arne de KEIJZER: *Das Geheimnis der Maria Magdalena*, München: Goldmann, 2006

CARR-GOMM, Sarah: *Die geheime Sprache der Kunst. Symbole, Zeichen und Figuren der abendländischen Malerei*, München: Bassermann, 2006

CEMING, Katharina: *Die verbotenen Evangelien*, Wiesbaden: Marix, 2004

CHILTON, Bruce: *Mary Magdalene*, New York: Doubleday, 2005

CLÉBERT, Jean-Paul: *Das Volk der Zigeuner*, Frankfurt/M.: Fischer, 1967

FOREY, Alan: *The Military Orders from the Twelfth to the Fourteenth Centuries*, Basingstoke: Macmillan, 1992

FREKE, Timothy: *Welt der Mystik*, München: Goldmann, 2001

FREKE, Timothy: *Wisdom of the Pagan Philosophers*, London: Journey Editions, 1998

JACOBUS de VORAGINE: *Legenda aurea*, Aschaffenburg: Pattloch, 1986

JANSEN, Katherine Ludwig: T*he Making of the Magdalene: Preaching and Popular Devotion in the Later Middle Ages*, Princeton: Princeton University Press, 2000

KING, Karen: *The Gospel of Mary of Magdala: Jesus and the First Woman Apostle*, Santa Rosa, CA: Polebridge Press, 2003

KING, Karen: *Kanonisierung und Marginalisierung: Maria von Magdala*, in: Concilium. Internationale Zeitschrift für Theologie 34(3/1998), S. 261-269

KING, Karen: *What is Gnosticism?*, Cambridge, MA: Harvard University Press, 2003

KRAEMER, Ross Shepard und Mary Rose D'ANGELO [Hg]: *Women and Christian Origins*, New York/Oxford: Oxford University Press, 1999

LAMBERT, Malcolm: *Geschichte der Katharer*, Darmstadt: Primus, 2001

LANGLAND, William: *Piers the Ploughman* (übersetzt von J. F. Goodridge), London: 1966,

LELOUP, Jean-Yves: *Das Evangelium der Maria. Die weibliche Stimme des Urchristentums*, München: Ansata, 2004

LELOUP, Jean-Yves: *Das Evangelium der Maria Magdalena: Die spirituellen Geheimnisse der Gefährtin Jesu*, München: Heyne, 2008

MANGO, Cyrill [Hg.]: *The Oxford History of Byzantium*, Oxford: Oxford University Press, 2002

MANNICHE, Lise: S*acred Luxuries: Fragrance, Aromatherapy, and Cosmetics in Ancient Egypt,* Ithaca, NY: Cornell University Press, 1999

MARJANEN, Antti: *The Woman Jesus Loved: Mary Magdalene in the Nag Hammadi Library and Related Documents*, Nag Hammadi and Manichaean Studies XL, Leiden: E. J. Brill, 1996

MARKALE, Jean: *Cathedral of the Black Madonna*, Rochester, VT: Inner Traditions, 20048

MEAD, G. R. S.: *Pistis Sophia*, Mineola NY: Dover Publications 2005

MERKUR, Dan: Gnosis: *An Esoteric Tradition of Mystical Visions and Unions*, New York: State University of New York Press, 1993

MEYER, Marvin: *The Gospels of Mary. The Secret Tradition of Mary Magdalene, the Companion of Jesus*, San Francisco: Harper, 2004

MILBURN, Robert: *Early Christian Art and Architecture*, Berkeley/Los Angeles: University of California Press, 1988

MILLER, Malcolm: *Die Kathedrale von Chartres*, London: Pitkin, 1980

MOREIRA, Isabel: *Dreams, Visions and Spiritual authority in Merovingian Gaul*, New York: Cornell University Press, 2000

NICHOLSON, Helen: *The Knights Hospitaller*, Woodbridge: Boydell Press, 2001

NILSON, Ben: *Cathedral Shrines of Medieval England*, London: Boydell, 1998

PAGELS, Elaine: *Adam, Eva und die Schlange. Die Theologie der Sünde*, Hamburg: Reinbek, 1991

PAGELS, Elaine: *Das Geheimnis des fünften Evangeliums: warum die Bibel nur die halbe Wahrheit sagt*. Mit dem Text des Thomasevangeliums, München: C. H. Beck, 2004

PAGELS, Elaine: *Versuchung durch Erkenntnis. Die gnostischen Evangelien*, Frankfurt: Suhrkamp, (1979) 1987

PALMER, Alan: *St Mary Magdalen, Oxford: A Thousand Years of a Church and Parish*, Oxford: St Mary Magdalen Restoration and Development Trust, 2001

POTTER, David: *Prophets and Emperors: Human and Divine Authority from Augustus to Theodosius*, Cambridge, MA: Harvard University Press, 1994

RALLS, Karen: *The Knights Templar encyclopedia: the essential guide to the people, places, events, and symbols of the Order of the Temple*, Franklin Lakes, NJ: New Page Books, 2007

RICCI, Carla: *Mary Magdalen and Many Others: Women Who Followed Jesus*, Minneapolis: Fortress Press, 1994

ROUCHON MOUILLERON, Véronique: *Vézelay: The Great Romanesque Church*, New York: Harry Abrams, Inc.: 1999

ROUSE, Richard H. und Mary A. ROUSE: Manuscripts and their Makers. Commercial Book Producers in Medieval Paris 1200–1500, London, 1999

SCHABERG, Jane: *The Resurrection of Mary Magdalene: Legends, Apocrypha and the Christian Testament*, New York/London: Continuum, 2002

SCHWARTZ, Lorraine: *The Fresco Decoration of the Magdalen Chapel in the Basilica of St. Francis of Assisi*, University of Indiana, 1980

SELWOOD, Dominic: *Knights of the Cloister: Templars and Hospitallers in Central-Southern Occitania c. 1100–1300*, Woodbridge: Boydell Press, 1999

SHLAIN, Leonard: *The Alphabet versus the Goddess: The Conflict between Word and Image*, New York: Viking Penguin, 1998

SPENCER, Brian: *Pilgrim Souvenirs and Popular Badges*, London: Museum of London, 1998

SPUFFORD, Peter: *Handel, Macht und Reichtum: Kaufleute im Mittelalter*, Stuttgart: Theiss, 2004

STARBIRD, Margaret: *Das Erbe der Maria Magdalena. Das geheime Wirken der Witwe Jesu*, Berlin: Allegria, 2006

STARBIRD, Margaret: *Die Frau mit dem Alabasterkrug. Das Geheimnis der Maria Magdalena*, Berlin: Ullstein, 2005

STEFFLER, Alva W.: *Symbols of the Christian Faith*, Grand Rapids: Wm. B. Eerdmans Publishing Co., 2002

STOYANOV, Yuri: *The Other God: Dualist Religions from Antiquity to the Cathar Heresy*, New Haven, CT: Yale University Press 2000

THIEDE, Carsten Peter und Matthew D'ANCONA: *Das Jesus-Fragment: Kaiserin Helena und die Suche nach dem Kreuz*, München: Ullstein, 2000

THOMAS von AQUIN: *Über sittliches Handeln: Summa theologiae I–II, übers., kommentiert und hrsg. von Rolf Schönberger*, Einl. von Robert Spaemann, Stuttgart: Reclam, 2001

TORJESEN, Karen: *Als Frauen noch Priesterinnen waren: Frauen im frühen und aufsteigenden Christentum: von der Führungsrolle zum unterdrückten Geschlecht*, Frankfurt/Main: Zweitausendeins, 1998

VERDON, Jean: *Travel in the Middle Ages*, Notre Dame: University of Notre Dame Press, 2003

WAKEFIELD, Walter L. und Austin P. EVANS: *Heresies of the High Middle Ages*, New York: Columbia University Press, 1969

WHITE, E.: *The York Mystery Plays*, Yorkshire Architectural and York Archaeological Society, York: Ebor Press, 1991

Register

I

J

K

L

M

N